DIBUJAR EN 10 PASOS

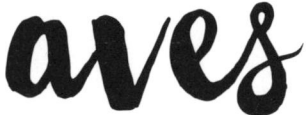

Título original: *10 Step Drawing – Birds*

© 2026 Librero b.v. (edición española)
Hambakenwetering 8B
5231 DC 's-Hertogenbosch
Países Bajos
www.librero.nl

© 2026 Quarto Publishing plc

Responsable editorial: James Evans
Dirección editorial: Isheeta Mustafi
Dirección de arte: James Lawrence
Edición ejecutiva: Lucy Tipton
Editor principal: Joanna Bentley
Edición del proyecto: May Corfield
Diseño: JC Lanaway

Producción de la edición española:
Traducción: Antonio Vizcarra para Delivering iBooks & Design
Redacción y maquetación: Delivering iBooks & Design, Barcelona

Distribución exclusiva de la edición española:
Librero IBP S. L.
C/ Paseo de los Olmos, n.º 20
Planta 1.ª, Oficina 7
28005 Madrid, España
www.librero-ibp.es

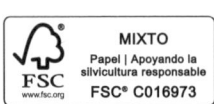

MIXTO
Papel | Apoyando la
silvicultura responsable
FSC® C016973

Printed and bound in Huizhou, Guangdong, China TT/Dec/2025

ISBN: 978-94-6499-159-8

DIBUJAR EN 10 PASOS

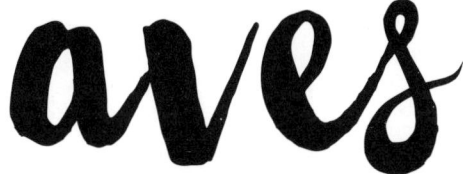

aves

CÓMO DIBUJAR MÁS DE 50 AVES EN SOLO 10 PASOS

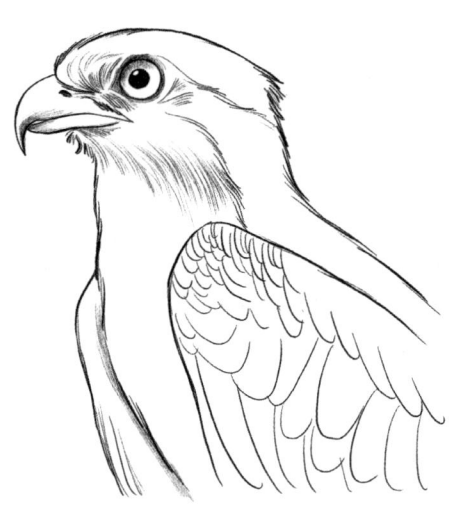

JUSTINE LECOUFFE

Librero

Índice

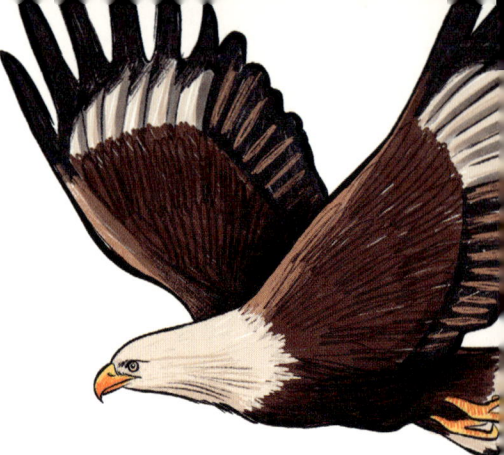

⟫ Aves de jardín y bosque

⟫ Aves acuáticas y de humedales

⟫ Aves rapaces

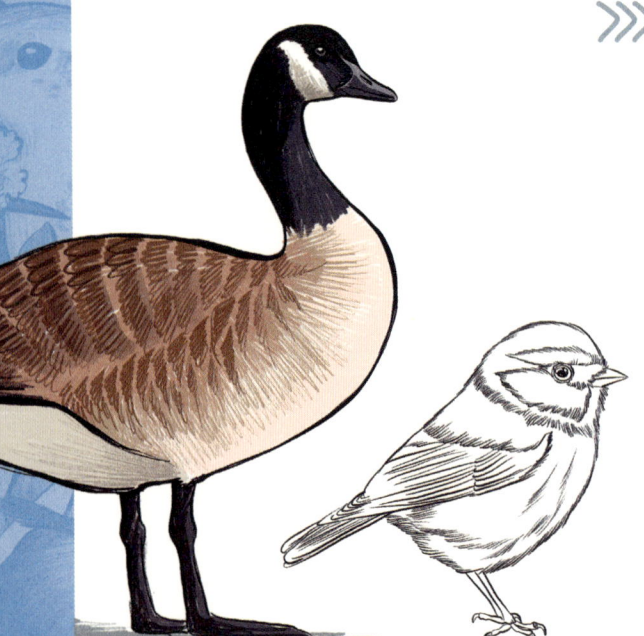

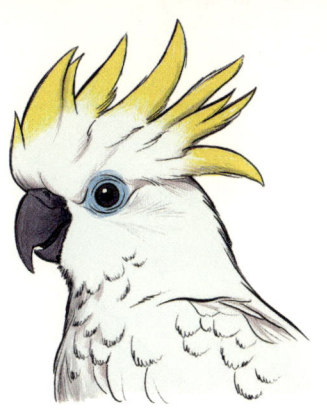

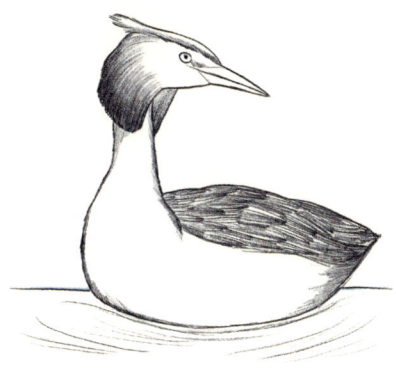

>>> Aves tropicales y exóticas

>>> Aves cantoras y currucas

>>> Aves costeras y marinas

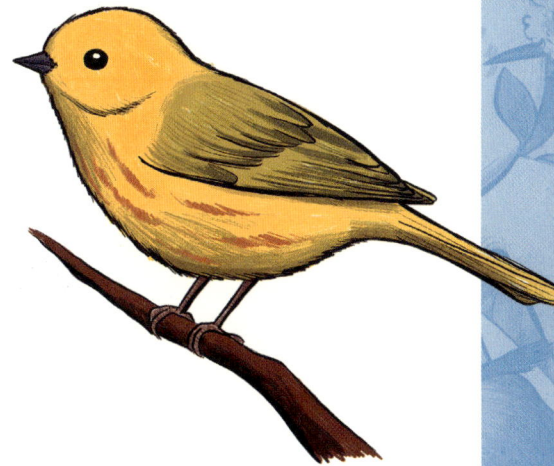

Introducción

Le damos la bienvenida a
Dibujar en 10 pasos: aves,
una guía fácil y divertida
para empezar a dibujar una
gran variedad de aves, aunque
sea la primera vez que utiliza un
lápiz.

Las aves pueden ser grandes o pequeñas,
y cada una es especial: algunas caminan
con orgullo como las águilas y otras ale-
tean delicadamente como los diminutos
reyezuelos. En este libro, aprenderá no
solo a dibujar aves, sino también a captar
su carácter y encanto a través de líneas,
formas y detalles.

Aquí encontrará 59 dibujos de aves que
puede hacer en solo 10 sencillos pasos,
empezando con formas sencillas que
progresivamente se irán haciendo más
complejas hasta que el dibujo esté
terminado. Paso a paso, le mostraremos
cómo añadir pequeños detalles, ajustar
las proporciones y hacer que sus aves
parezcan reales.

No se preocupe si su dibujo no es perfecto, simplemente diviértase, siga apren-
diendo y disfrute con cada paso. Con
práctica y paciencia, se sorprenderá
de lo que puede llegar a crear.
Así que coja el lápiz, pase
a la página siguiente y empecemos.
¡Un cielo lleno de aves le está esperando
para que las dibuje!

COLORES

Al final de cada dibujo terminado
encontrará una paleta de colores, pero
solo son orientativos: siéntase libre de
experimentar y utilizar sus tonalidades
favoritas.

Algunas de las ilustraciones contienen
una amplia paleta de colores, pero, si
lo prefiere, también puede optar por
reducirla.

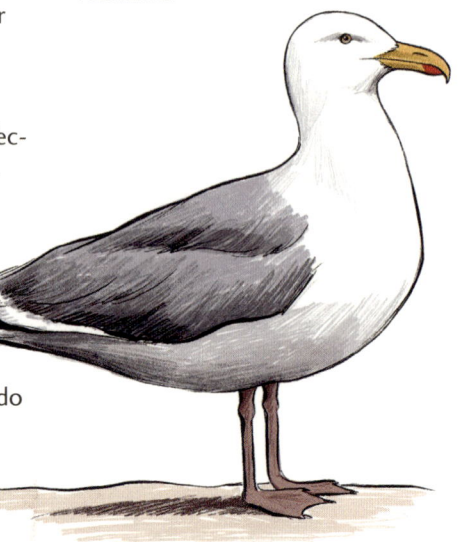

Cómo usar este libro

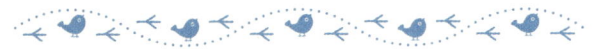

UTENSILIOS BÁSICOS

Papel: sirve cualquiera, pero con papel para bocetos obtendrá mejores resultados.

Lápiz, goma de borrar y sacapuntas: pruebe lápices de diferentes durezas y use una goma y un sacapuntas de calidad.

Pluma: para entintar los contornos y los detalles finales. Lo más recomendable es usar una pluma estilográfica de punta fina o media (la tinta es mejor que el bolígrafo, porque se seca enseguida y es menos probable que le queden borrones).

Regla pequeña: es opcional, pero puede serle útil para dibujar las guías.

SEGUIR LOS PASOS

Utilice un lápiz blando para esbozar ligeramente las líneas básicas de cada paso. Emplee tinta (o un lápiz más oscuro si no se siente seguro) para los contornos y los detalles finales. Cuando la tinta esté seca, borre el dibujo a lápiz subyacente y coloree.

COLOREAR

Existen varias opciones para pintar los dibujos. ¿Por qué no experimenta con todas ellas?

Lápices de colores: es la opción más sencilla. Un juego completo de lápices, de unos 24 colores, es todo lo que necesitará.

No se salga de la raya y procure tener los lápices bien afilados para poder trabajar las áreas más pequeñas.

Para conseguir un tono más claro o más oscuro, pinte varias capas o ejerza más o menos presión con el lápiz.

Pintura y pinceles: aunque la pintura acrílica y el óleo permiten cubrir posibles errores, quizá la acuarela sea la pintura más fácil de usar para principiantes. Necesitará dos o tres pinceles de diferentes medidas, al menos uno de ellos muy fino.

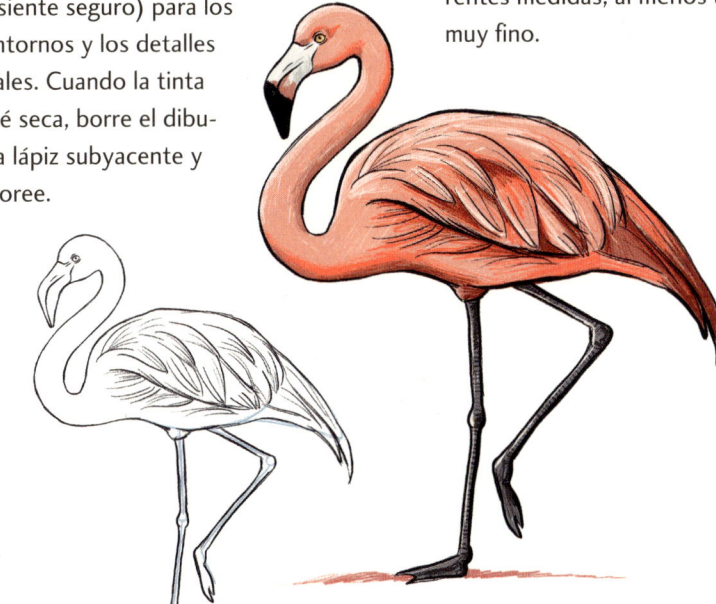

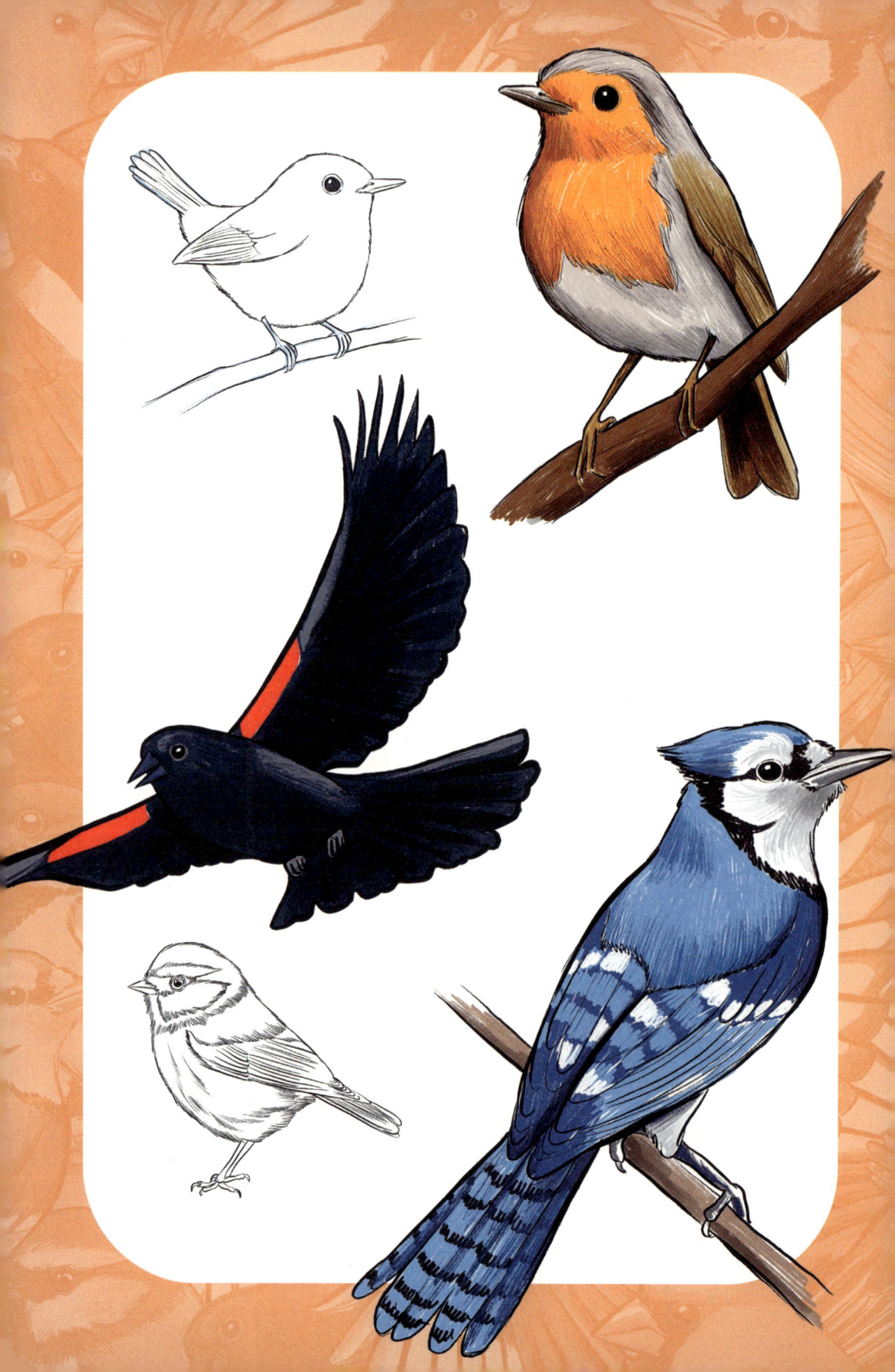

Aves de jardín y bosque

Aves de jardín y bosque
Petirrojo europeo

Este pájaro, de cuerpo redondeado y pecho de un tono anaranjado brillante, resulta muy adorable y es uno de los más apreciados en los jardines.

1 Dibuje un círculo grande como guía para el cuerpo del petirrojo.

2 Esboce un arco para la cabeza y un triángulo para el pico.

3 Para la parte posterior del cuerpo, añada un triángulo ligeramente curvado.

4 Esboce la cola, las patas y las garras, y añada una rama.

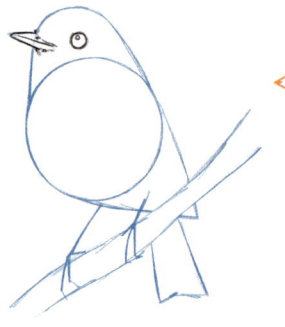

5 Con una pluma, dibuje el ojo, con un reflejo blanco en su interior, y el pico. Haga unos trazos cortos y suaves en la base del pico.

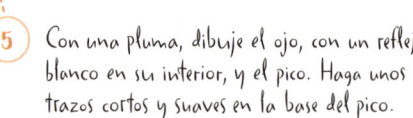

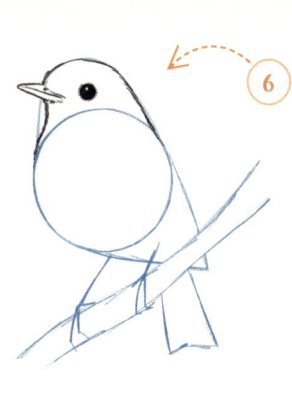

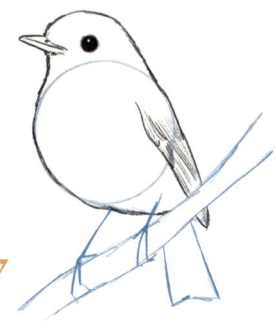

6 Coloree el ojo de negro y dibuje el contorno de la cabeza con trazos cortos para imitar las plumas.

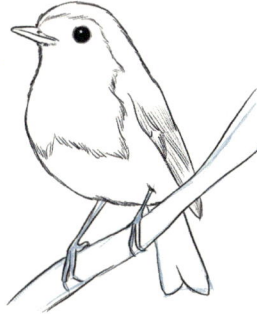

8 Perfile la cola y añada trazos cortos en la cabeza y el pecho para definir las diferentes partes del pájaro. Luego, dibuje las patas y trace el contorno de la rama.

7 A continuación, esboce el ala y dibuje el contorno del cuerpo con trazos cortos.

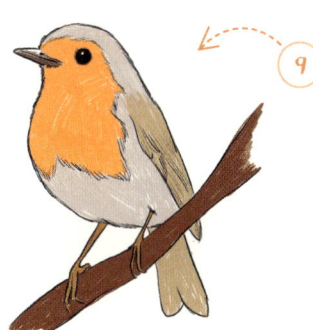

9 Use una mezcla de gris y marrón para colorear el cuerpo, las alas y la cola. Use naranja claro para el pecho y la cara, y marrón oscuro para la rama.

10 Añada marrones más oscuros y grises para dar volumen y difumínelos. Aplique un naranja más oscuro a la cara y el pecho y sombree la figura con tonos oscuros para darle textura y profundidad.

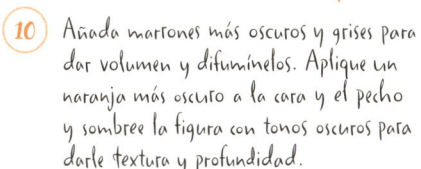

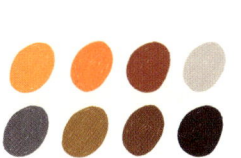

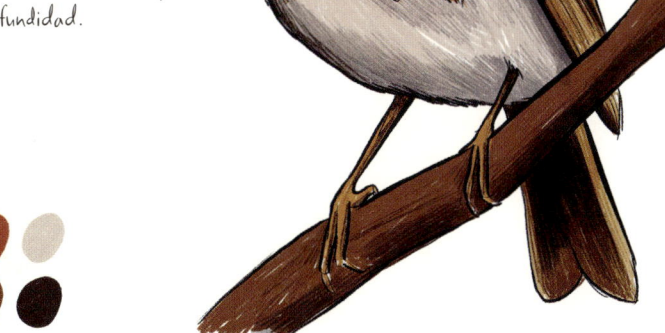

Aves de jardín y bosque
Herrerillo común

Con sus características plumas azules y amarillas,
es todo un deleite dibujar este hermoso pájaro.

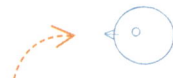

1 Haga un círculo para la cabeza y un circulito para el ojo y añada el pico.

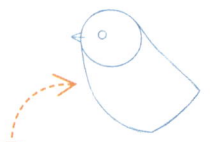

2 Esboce un rectángulo curvado para el cuerpo.

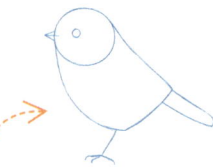

3 Trace un óvalo alargado para la cola y agregue una pata corta.

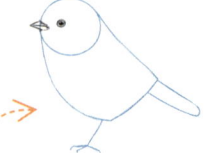

4 Trace el ojo, con un reflejo en su interior, y un pico pequeño.

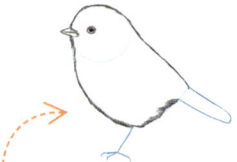

5 Use trazos cortos para perfilar el cuerpo.

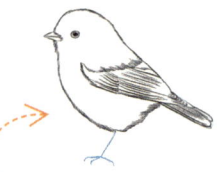

6 Dibuje los detalles de las plumas en el ala y la cola.

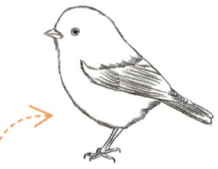

7 Dibuje la pata y la garra, y añada la segunda pata detrás.

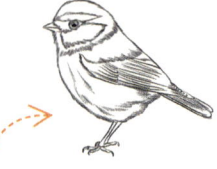

8 Trace un contorno similar a un antifaz alrededor del ojo. Añada trazos al cuerpo.

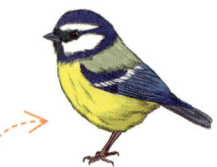

9 Use azul y verde para la cabeza y el dorso, y amarillo para el cuerpo.

10 Emplee tonos más oscuros para sombrear el dibujo. Añada algunos reflejos a las plumas para darles profundidad y textura. Repase el contorno con unos trazos gruesos.

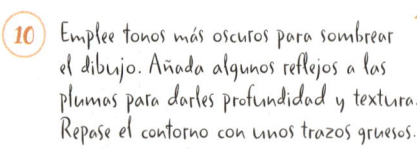

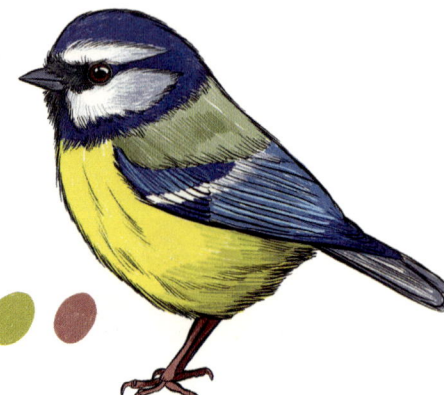

12

Reyezuelo sencillo

El diminuto reyezuelo se caracteriza por su llamativa corona de color amarillo anaranjado y ribeteada con un borde negro.

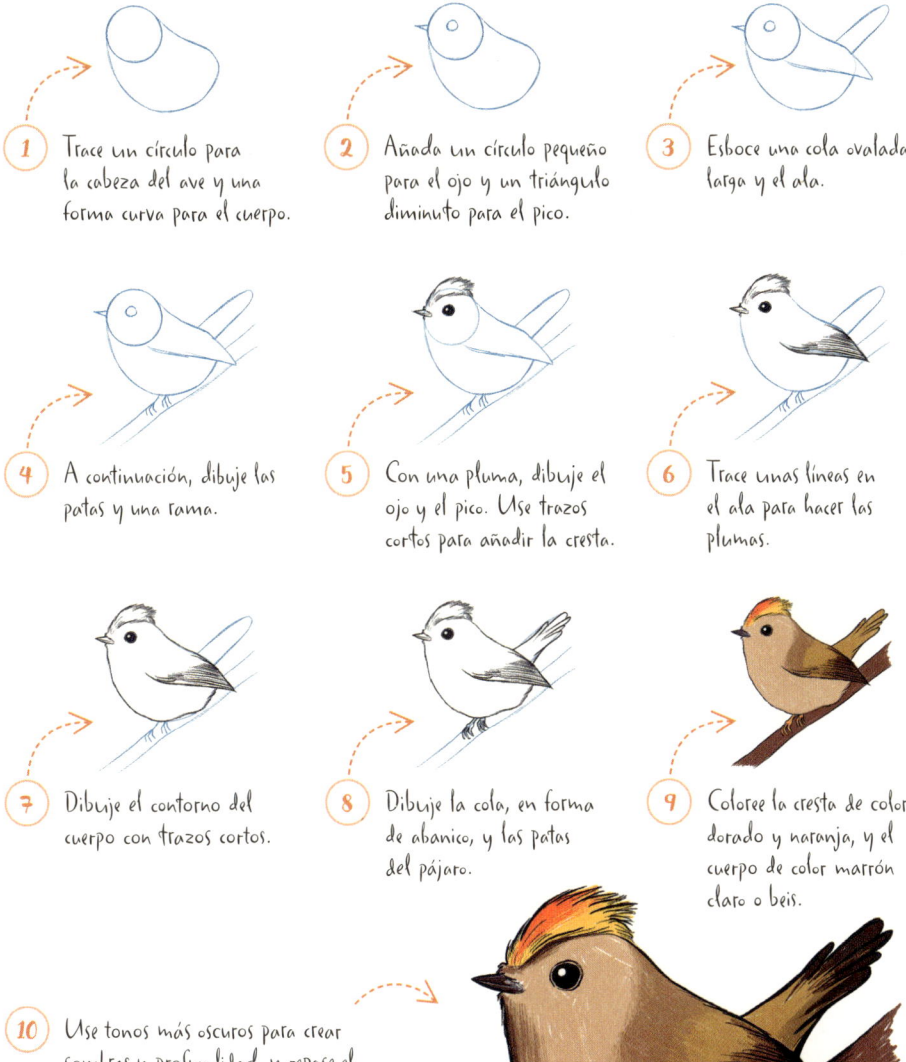

1 Trace un círculo para la cabeza del ave y una forma curva para el cuerpo.

2 Añada un círculo pequeño para el ojo y un triángulo diminuto para el pico.

3 Esboce una cola ovalada larga y el ala.

4 A continuación, dibuje las patas y una rama.

5 Con una pluma, dibuje el ojo y el pico. Use trazos cortos para añadir la cresta.

6 Trace unas líneas en el ala para hacer las plumas.

7 Dibuje el contorno del cuerpo con trazos cortos.

8 Dibuje la cola, en forma de abanico, y las patas del pájaro.

9 Coloree la cresta de color dorado y naranja, y el cuerpo de color marrón claro o beis.

10 Use tonos más oscuros para crear sombras y profundidad, y repase el contorno con una pluma de tinta negra para definirlo mejor.

13

Gorrión común

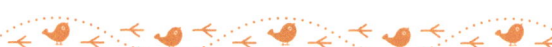

Este habitual de los jardines presenta una interesante mezcla de marrones, rojos y grises. Añádale sombras para obtener un aspecto más real.

1 Dibuje un círculo como guía para la cabeza del gorrión y un círculo pequeño para el ojo. Añada un triángulo para el pico.

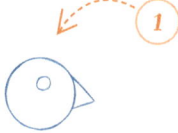

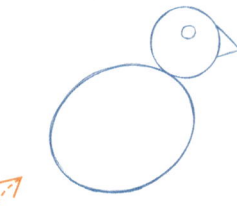

2 Trace un óvalo como guía para el cuerpo.

3 A continuación, dibuje dos líneas curvas para dar forma al cuello.

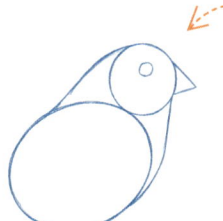

14

4 Esboce las patas del gorrión y una forma larga y delgada para la cola.

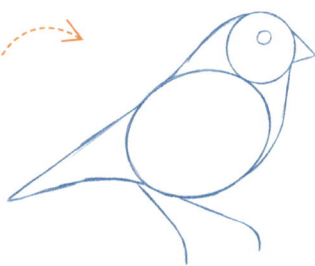

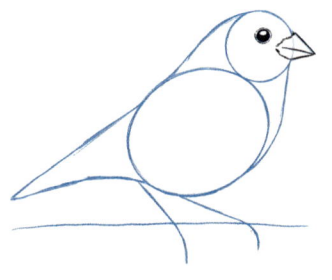

5 Con un lápiz negro, coloree el ojo y deje un reflejo blanco en su interior. Dibuje el pico y añada una línea para la rama.

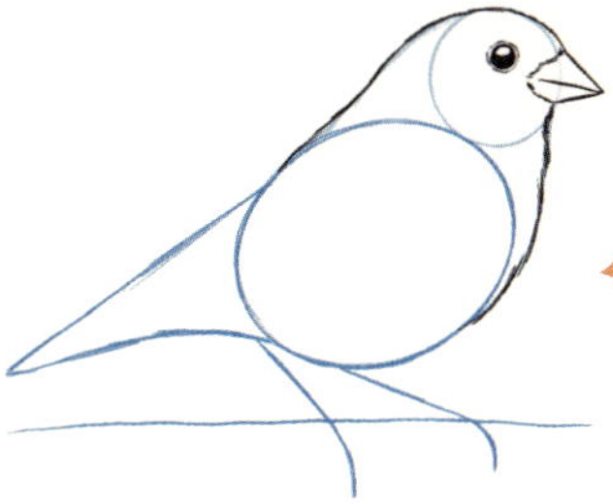

6 Use trazos cortos para crear la textura de plumaje en la cabeza y a lo largo del pecho.

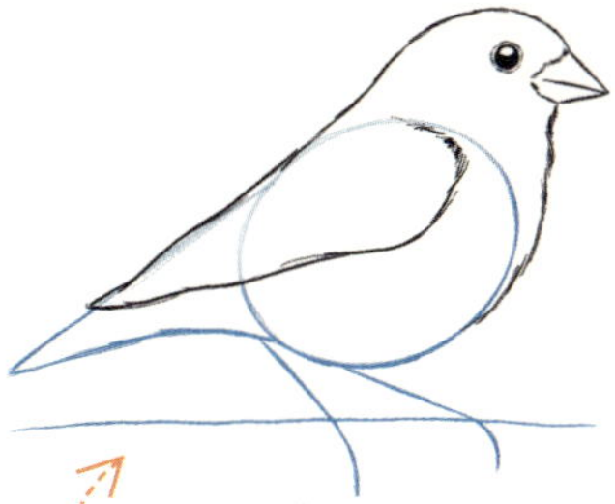

7 Esboce ligeramente la forma del ala plegada y borre las guías de la cabeza.

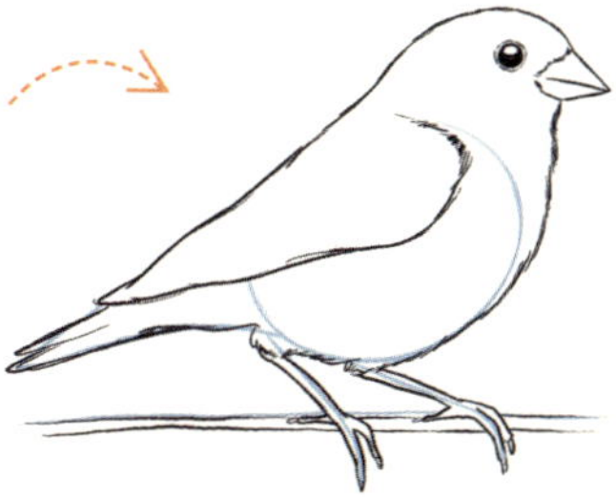

8 Use trazos cortos para perfilar el contorno del cuerpo y dibuje la cola, las patas y la rama.

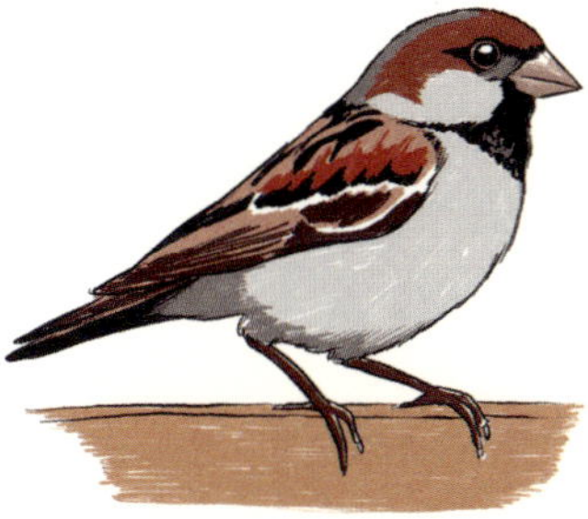

9 Use un gris claro para el cuerpo y parte de la cabeza. Coloree las alas con una combinación de franjas marrones, rojizas, blancas y negras y, por último, añada las rayas o los motivos negros. Deje algunos reflejos blancos finos.

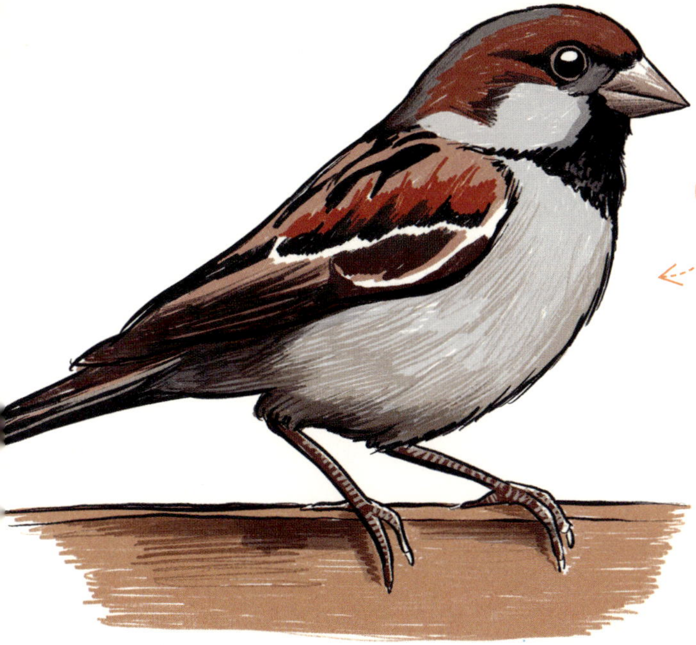

10 Continúe añadiendo capas de marrones y grises al cuerpo del gorrión y difumínelas. Aplique sombras a la figura para darle profundidad y un aspecto más real.

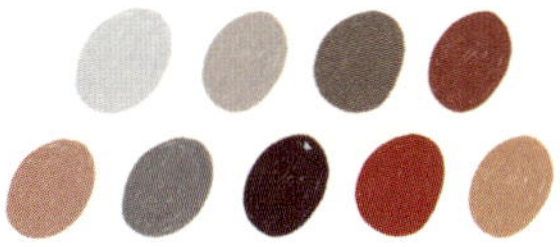

Chochín común

Este pajarito tiene un color muy sutil. Use marrones oscuros con moderación para que contrasten con el color claro del cuerpo.

1 Trace un óvalo como guía para la cabeza y añada el ojo y el pico.

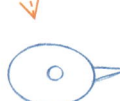

2 Esboce una forma irregular como guía para el cuerpo.

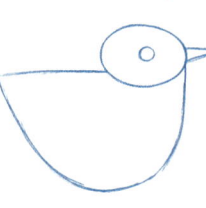

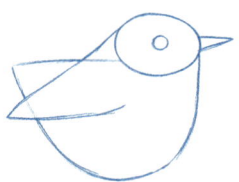

3 Dibuje una línea oblicua como guía para el cuello y el ala.

16

4 Esboce las patas y la cola, y luego añada dos líneas horizontales largas para la rama.

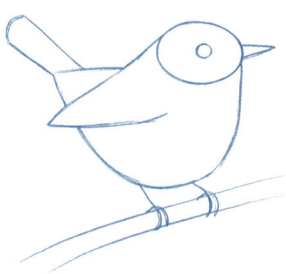

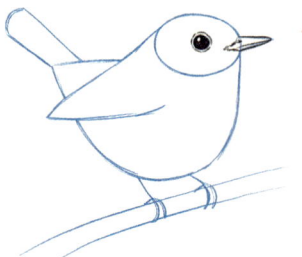

5 Con una pluma, pinte el ojo, dejando un reflejo blanco en su interior, y dibuje el pico; añada algunos trazos cortos en la base.

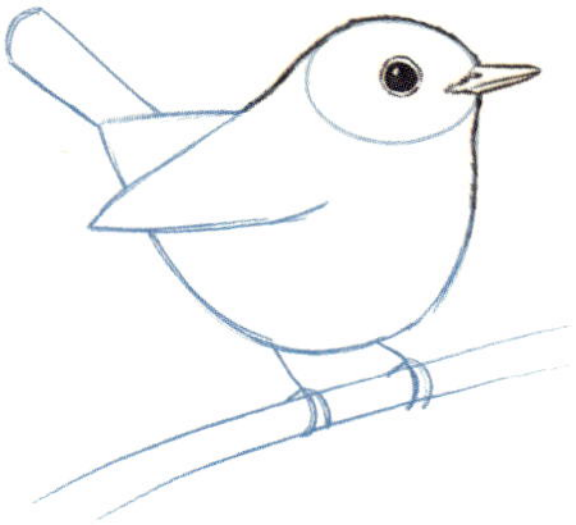

6 Use trazos cortos y suaves de modo que parezcan plumas para dibujar el contorno de la cabeza.

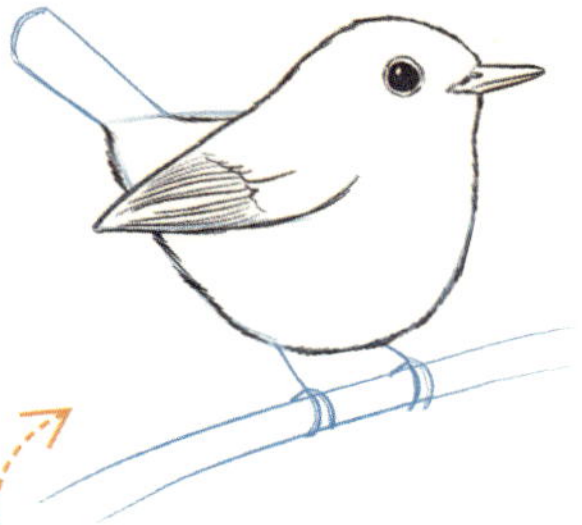

7 Esboce el ala plegada y acabe de trazar el contorno del cuerpo. Borre las guías de la cabeza.

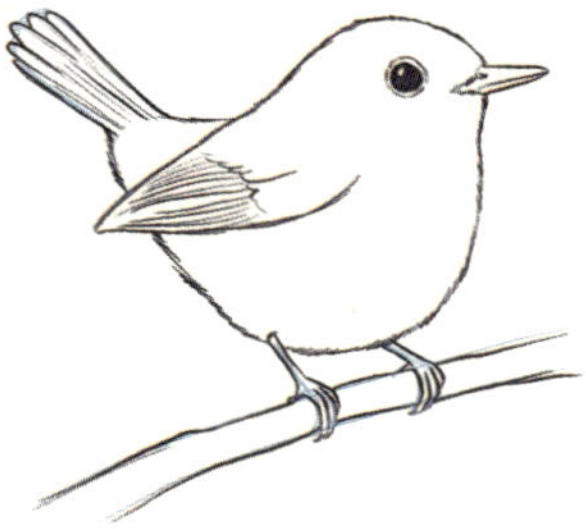

8 A continuación, dibuje la cola, las patas y las garras del pájaro, aferradas a la rama.

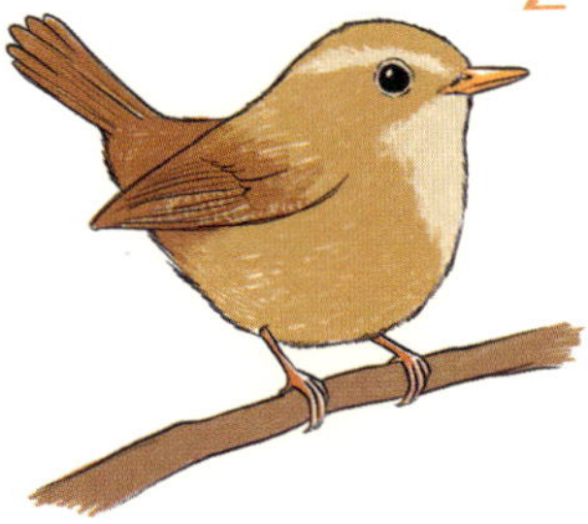

9 Use un marrón claro o un tono tostado cálido como color base. Pinte el pico con un amarillo brillante y añada un pequeño reflejo. Coloree el ala, la parte posterior del cuerpo y la cola con un marrón más oscuro, e incorpore algunos trazos blancos.

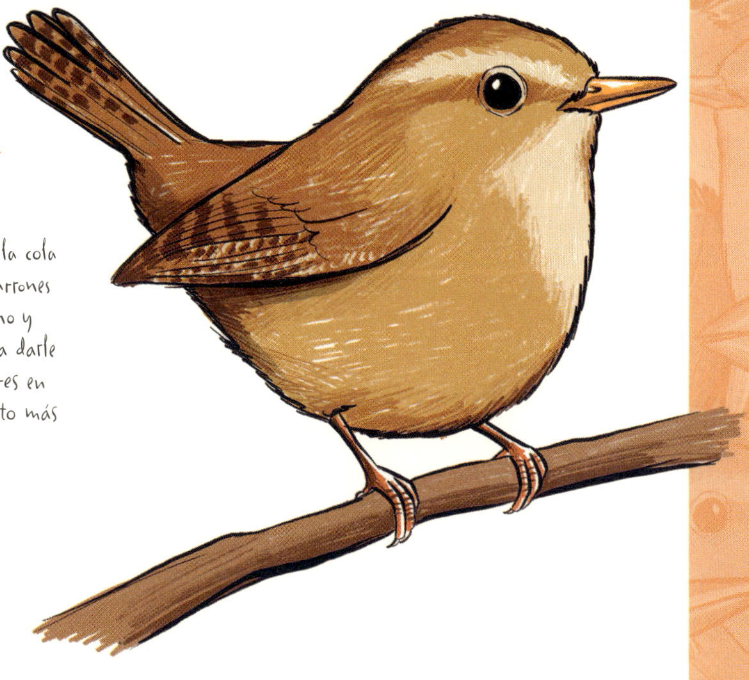

10 Con marrón oscuro, añada algunos puntitos y rayas a la cola y al ala. Forme sombras marrones sutiles a lo largo del contorno y la parte inferior del ala para darle volumen. Disponga los colores en capas para conseguir un efecto más intenso.

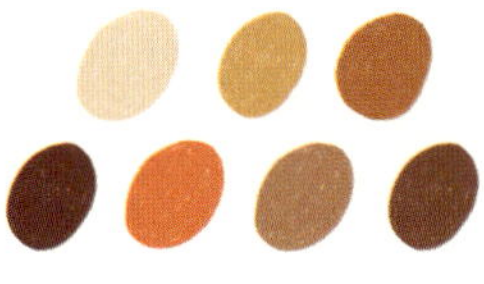

Tordo sargento

El tordo sargento macho es fácilmente reconocible por su cuerpo negro brillante y sus distintivas manchas naranjas y rojizas en las alas.

1 Empiece dibujando un círculo para la cabeza y, a continuación, una forma rectangular para el cuerpo.

2 Trace dos guías largas y curvas para las alas.

3 Una las puntas de las líneas con la parte posterior del cuerpo para crear la forma de las alas.

4 Añada guías para el ojo, el pico y las patas. Para la cola, esboce una forma triangular ancha.

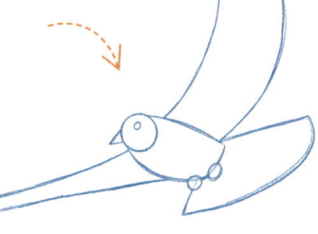

5 Con una pluma, dibuje el ojo y el pico del tordo.

18

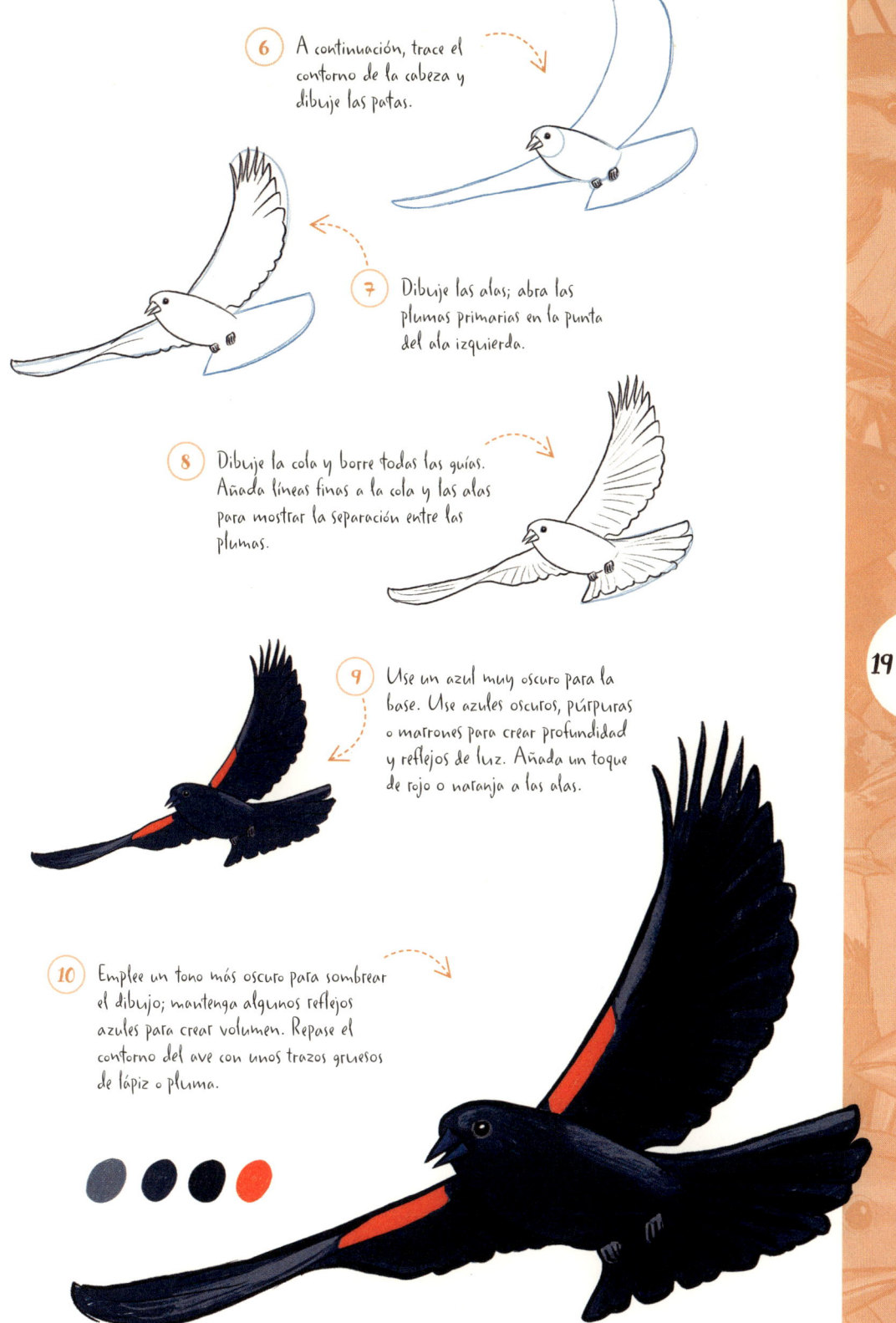

6 A continuación, trace el contorno de la cabeza y dibuje las patas.

7 Dibuje las alas; abra las plumas primarias en la punta del ala izquierda.

8 Dibuje la cola y borre todas las guías. Añada líneas finas a la cola y las alas para mostrar la separación entre las plumas.

9 Use un azul muy oscuro para la base. Use azules oscuros, púrpuras o marrones para crear profundidad y reflejos de luz. Añada un toque de rojo o naranja a las alas.

10 Emplee un tono más oscuro para sombrear el dibujo; mantenga algunos reflejos azules para crear volumen. Repase el contorno del ave con unos trazos gruesos de lápiz o pluma.

Aves de jardín y bosque
Urraca

Esta ruidosa y parlanchina ave destaca por su cuerpo blanco y negro iridiscente, acabado en una larga cola de color azul, verde metálico o púrpura, dependiendo de cómo incida el sol.

1 Dibuje una forma ovalada como guía para el cuerpo. Luego, trace una línea larga que cruce el cuerpo.

2 Una las puntas de la línea a la parte posterior del óvalo para crear las alas. La forma inferior debe ser ligeramente más corta.

3 Esboce una forma similar a un rombo para la cola y añada un pico pequeño.

4 Con una pluma, dibuje el ojo y el pico, y trace el contorno de la cabeza.

5 A continuación, dibuje el ala derecha; trace las plumas primarias en la punta.

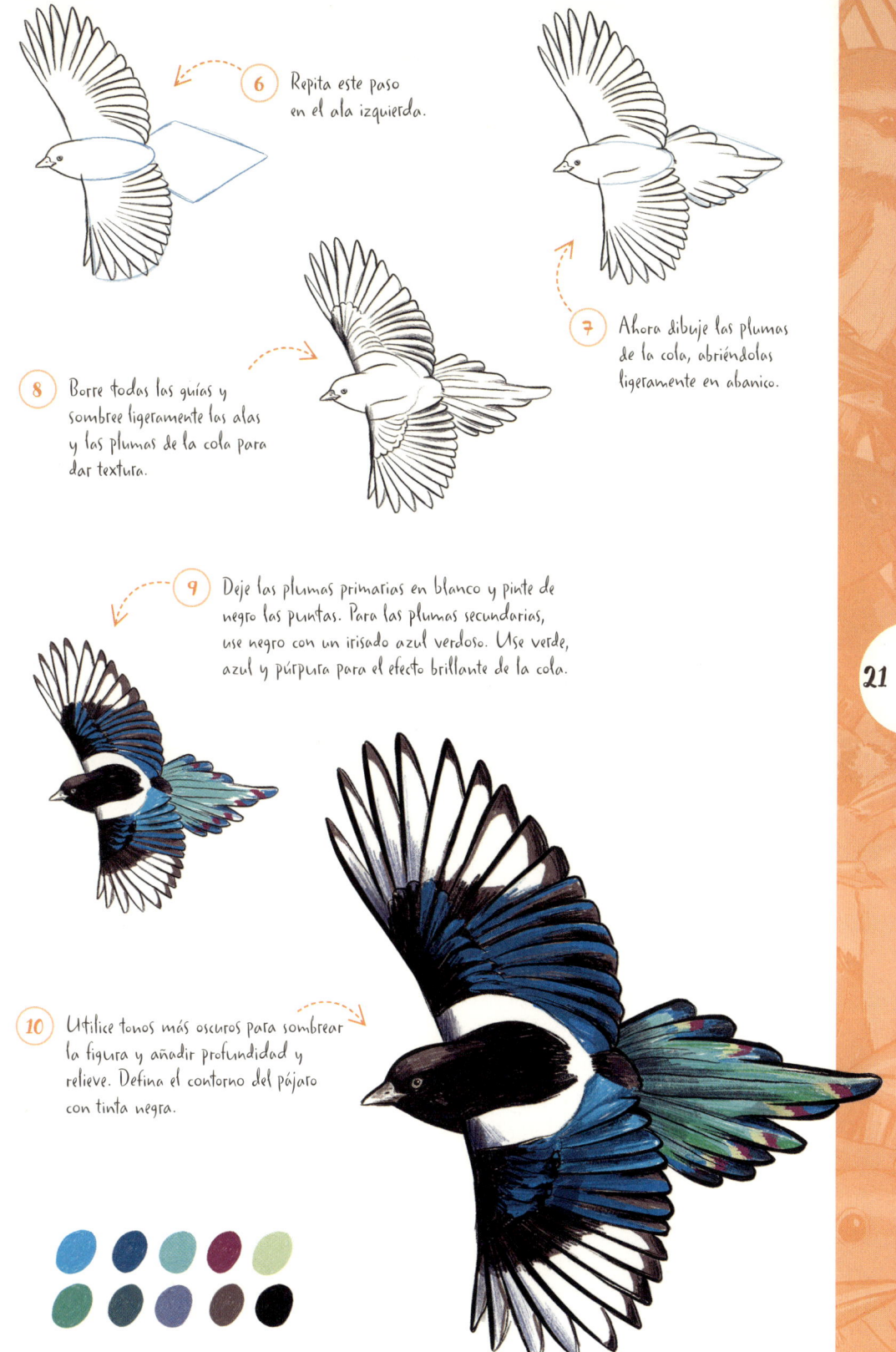

6 Repita este paso en el ala izquierda.

7 Ahora dibuje las plumas de la cola, abriéndolas ligeramente en abanico.

8 Borre todas las guías y sombree ligeramente las alas y las plumas de la cola para dar textura.

9 Deje las plumas primarias en blanco y pinte de negro las puntas. Para las plumas secundarias, use negro con un irisado azul verdoso. Use verde, azul y púrpura para el efecto brillante de la cola.

10 Utilice tonos más oscuros para sombrear la figura y añadir profundidad y relieve. Defina el contorno del pájaro con tinta negra.

Verderón común

Los verderones tienen picos grandes y cónicos y un hermoso plumaje
verde oliva, con marcas amarillas características en las alas y la cola.

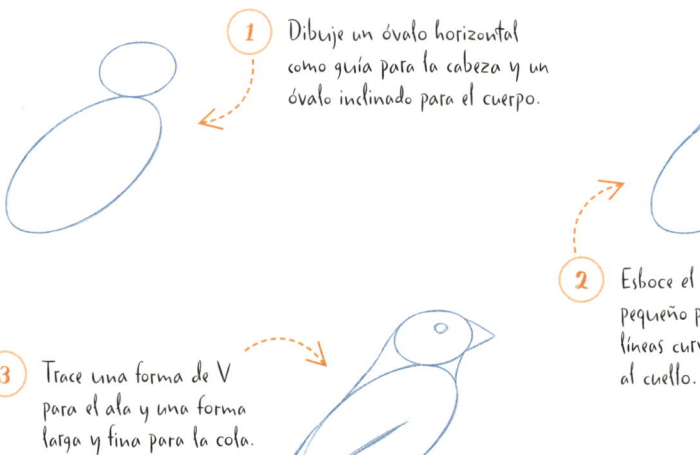

1 Dibuje un óvalo horizontal
como guía para la cabeza y un
óvalo inclinado para el cuerpo.

2 Esboce el pico, un círculo
pequeño para el ojo y dos
líneas curvas para dar forma
al cuello.

3 Trace una forma de V
para el ala y una forma
larga y fina para la cola.

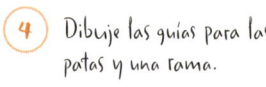

4 Dibuje las guías para las
patas y una rama.

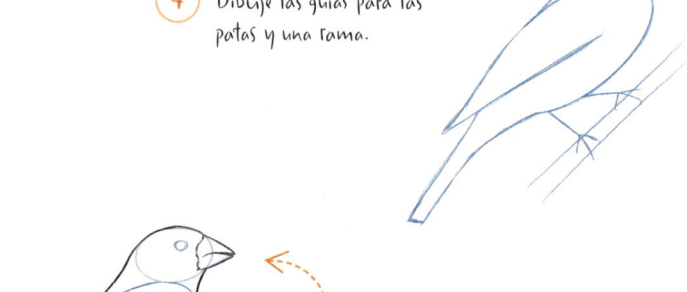

5 Con una pluma y mediante trazos
cortos, dibuje el pico donde se une con
el plumaje y, a continuación, perfile
la cabeza.

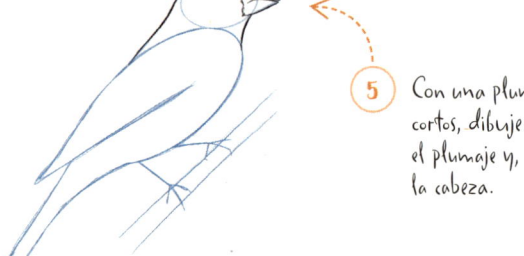

22

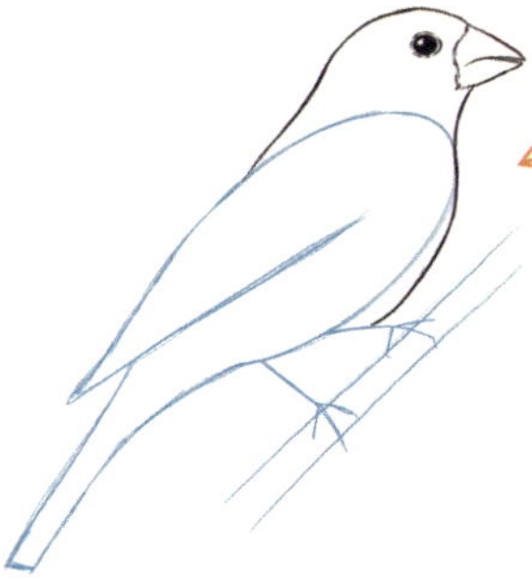

6 Dibuje el ojo y deje un reflejo blanco en su interior. Añada una línea discontinua alrededor del ojo del ave. Trace el contorno del pecho.

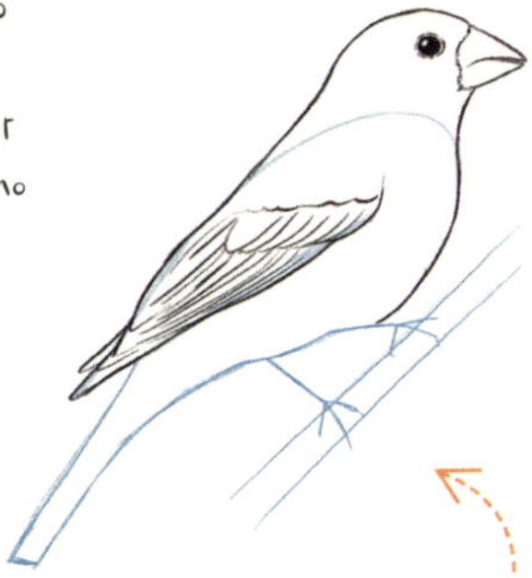

7 A continuación, dibuje el ala plegada y llénela de plumas. Luego, trace la punta del ala izquierda.

8 Dibuje el resto del cuerpo y la cola. Haga las patas y la rama, procurando que no se superpongan.

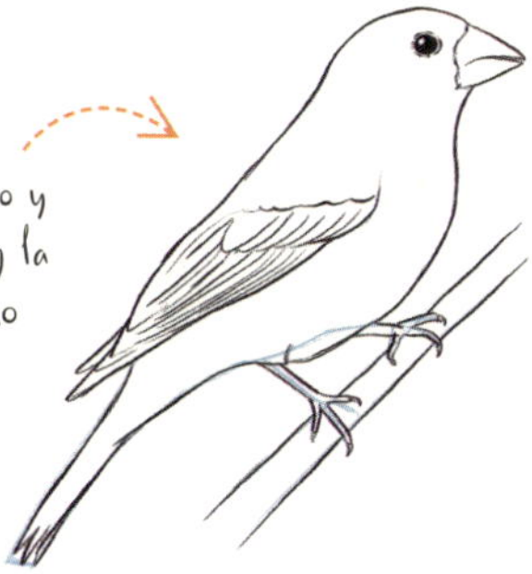

9 Empiece a colorear el dibujo. Use amarillo y verde como base para la cabeza y el cuerpo. Coloree el pico con un tono marrón suave y deje pequeños reflejos blancos para que parezca que brilla.

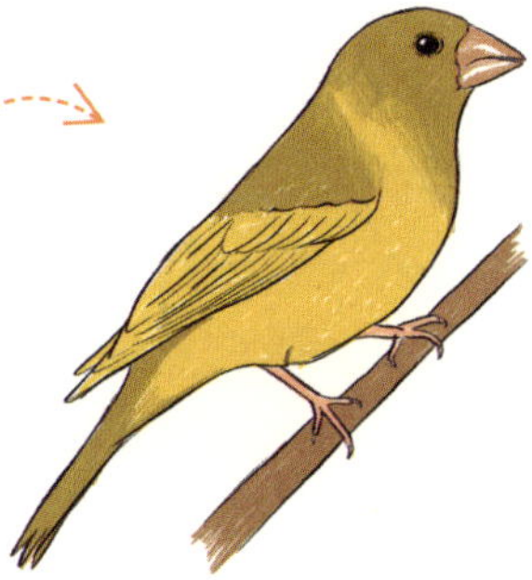

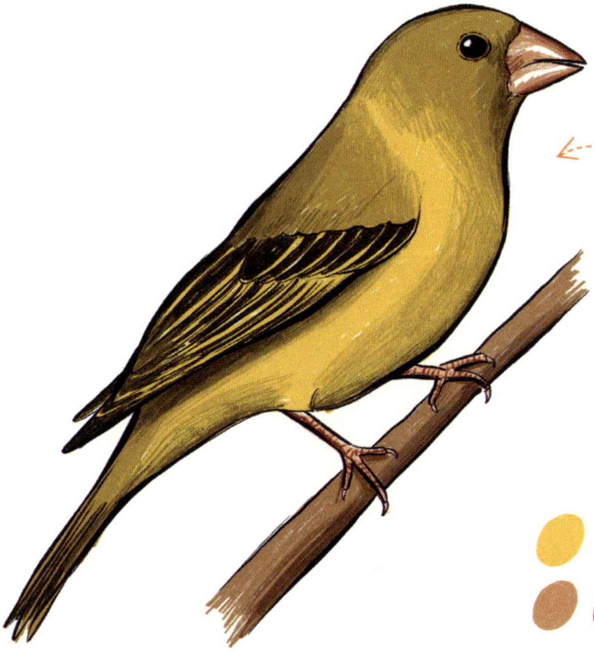

10 Añada toques marrones en el ala y la cola, y difumínelos. Use tonos más oscuros en todo el dibujo para darle profundidad y un aspecto más real. Aplique el característico color amarillo al ala del verderón.

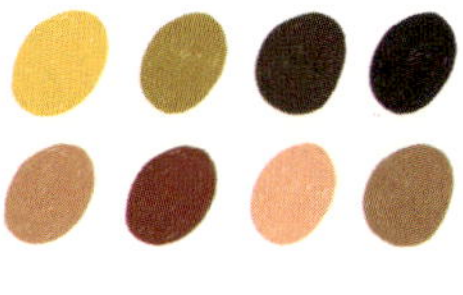

Cardenal norteño

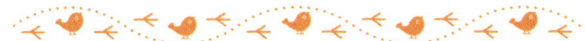

Esta ave presenta una llamativa mascara facial gris alrededor del pico y una divertida cresta de color rojo anaranjado.

1 Para hacer la cabeza, dibuje un círculo como guía y haga otro más grande para el cuerpo.

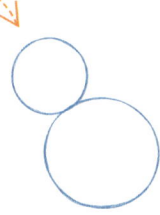

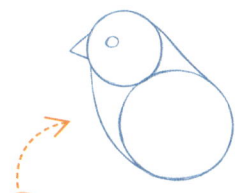

2 Trace un ojo y un pico pequeño. Una la cabeza y el cuerpo con líneas curvas.

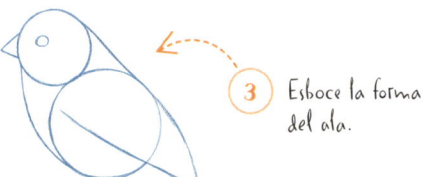

3 Esboce la forma del ala.

24

4 Para la cola, trace una forma larga y delgada. Dibuje las patas y esboce el contorno de una rama.

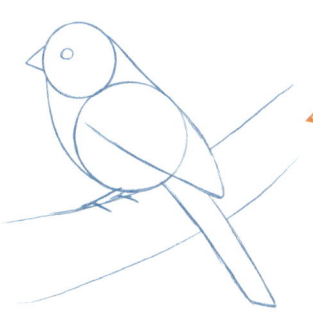

5 Con una pluma, dibuje el ojo y el pico. No olvide el reflejo blanco del ojo.

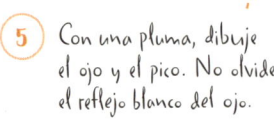

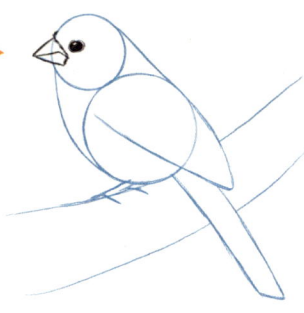

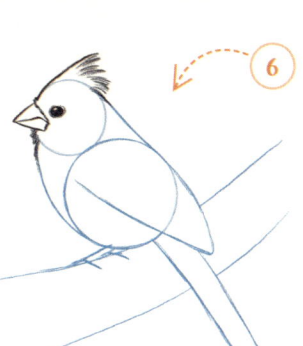

6 Haga trazos cortos para dibujar la cresta y añada una línea irregular debajo del pico para simular las plumas.

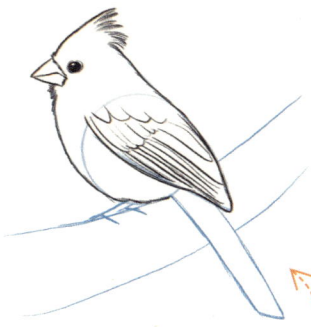

7 Borre algunas guías y dibuje el ala del ave, con plumas largas en la parte inferior y más cortas en la parte superior.

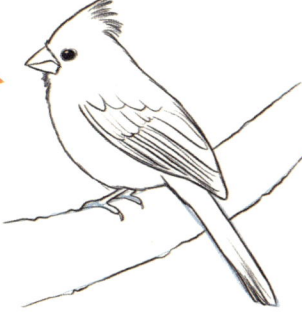

8 A continuación, dibuje la cola, las patas y la rama del árbol.

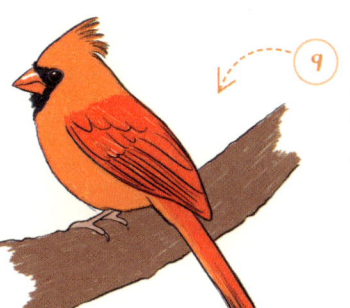

9 Borre las guías que queden. Use un naranja suave para la cabeza y el vientre, y un naranja brillante para el pico, el ala y la cola. Añada gris oscuro o negro alrededor del pico y el ojo.

10 Use tonos más oscuros para sombrear el dibujo, fusionando los colores para crear degradados sutiles. Repase el contorno con trazos gruesos de pluma para definirlo mejor.

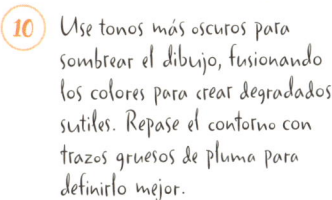

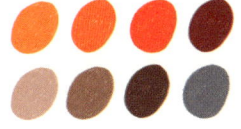

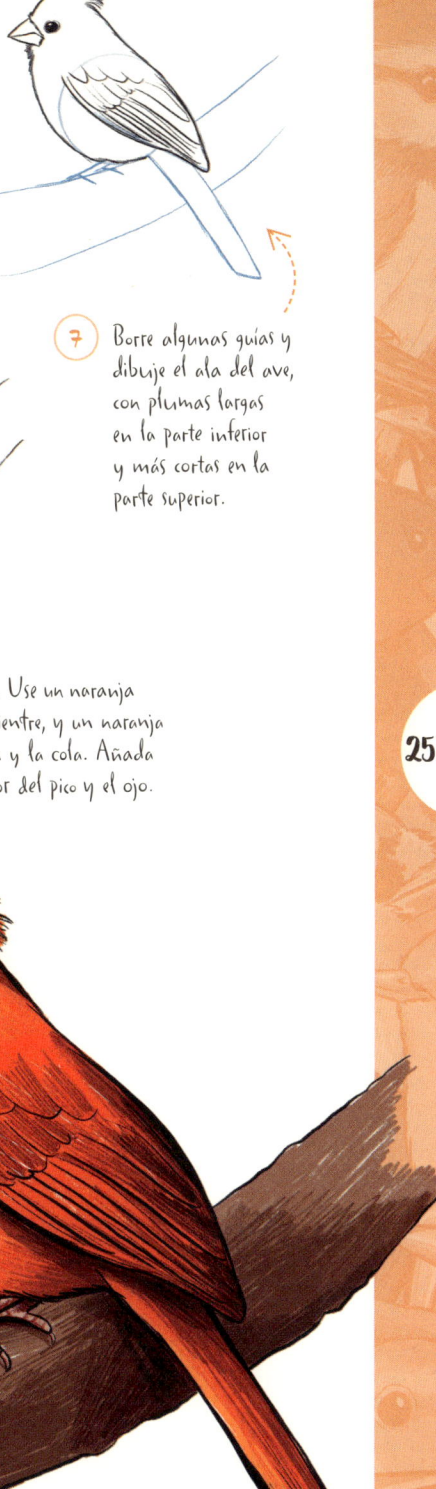

Arrendajo azul

Este pájaro es muy sociable y se distingue por su hermosa cresta azul y su característico dibujo formado por las plumas de las alas y la cola.

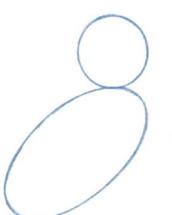

1 Dibuje un círculo como guía para la cabeza, y una forma ovalada para el cuerpo.

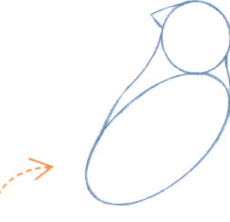

2 Para la cresta, añada una V y dibuje dos líneas curvas para dar forma al cuello.

3 Esboce el pico y un círculo pequeño para el ojo. Trace una U pequeña para la parte posterior del cuerpo.

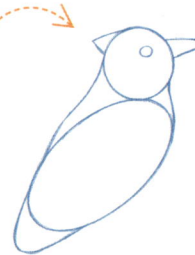

26

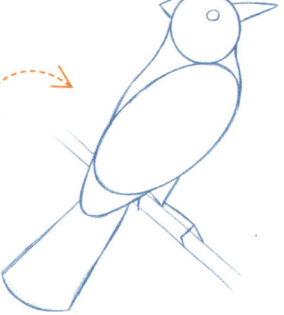

4 A continuación, añada una forma de abanico para la cola y trace las patas y dos líneas rectas para la rama.

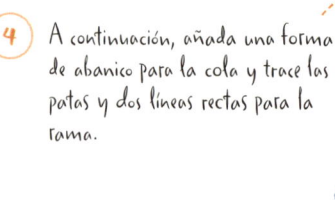

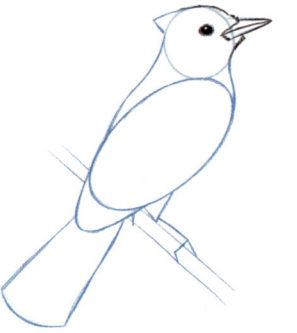

5 Con una pluma, dibuje el pico y haga trazos cortos en su base para imitar las plumas. Pinte el ojo de negro y deje un pequeño punto blanco para el reflejo. Añada una línea discontinua alrededor del ojo del ave.

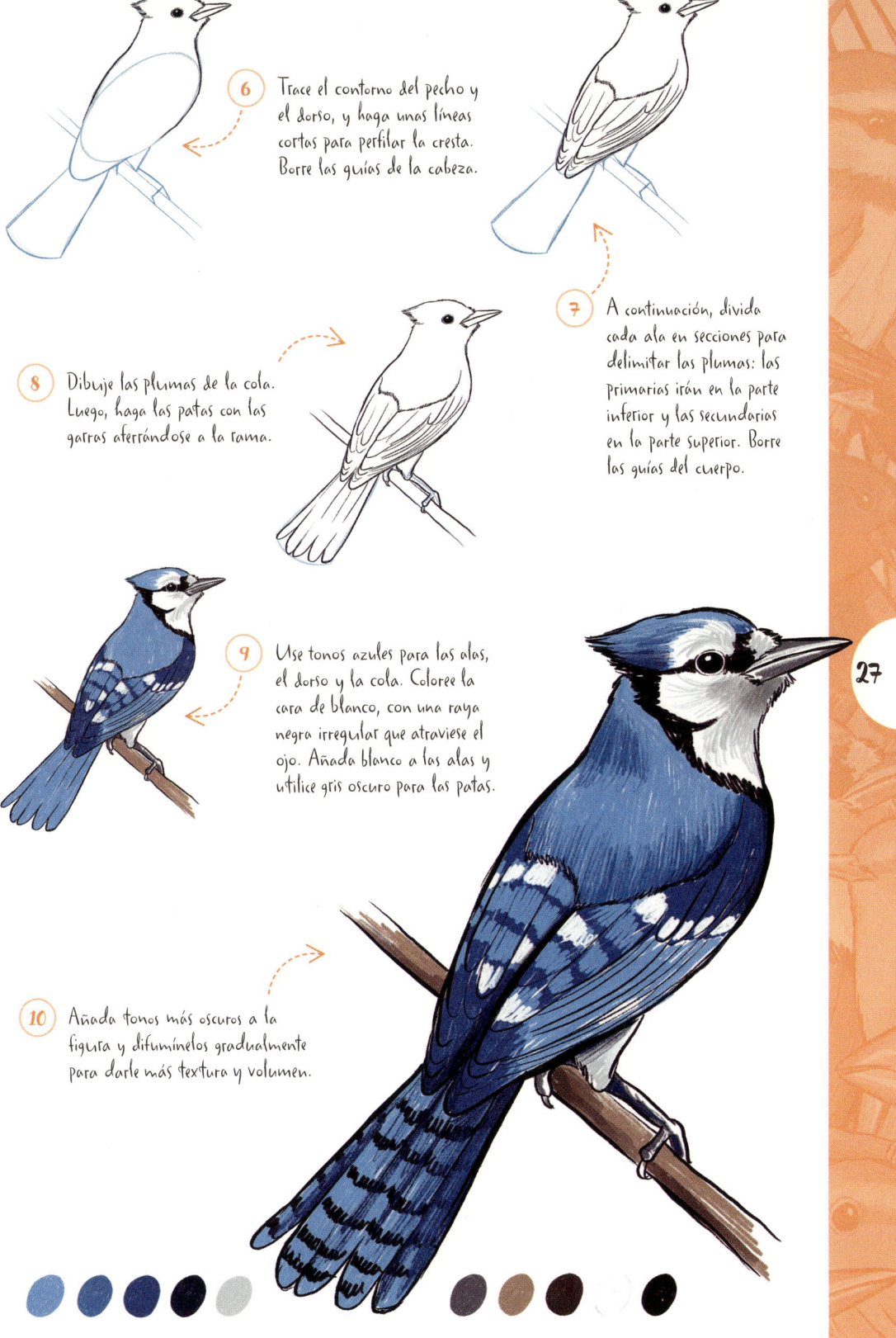

6 Trace el contorno del pecho y el dorso, y haga unas líneas cortas para perfilar la cresta. Borre las guías de la cabeza.

7 A continuación, divida cada ala en secciones para delimitar las plumas: las primarias irán en la parte inferior y las secundarias en la parte superior. Borre las guías del cuerpo.

8 Dibuje las plumas de la cola. Luego, haga las patas con las garras aferrándose a la rama.

9 Use tonos azules para las alas, el dorso y la cola. Coloree la cara de blanco, con una raya negra irregular que atraviese el ojo. Añada blanco a las alas y utilice gris oscuro para las patas.

10 Añada tonos más oscuros a la figura y difumínelos gradualmente para darle más textura y volumen.

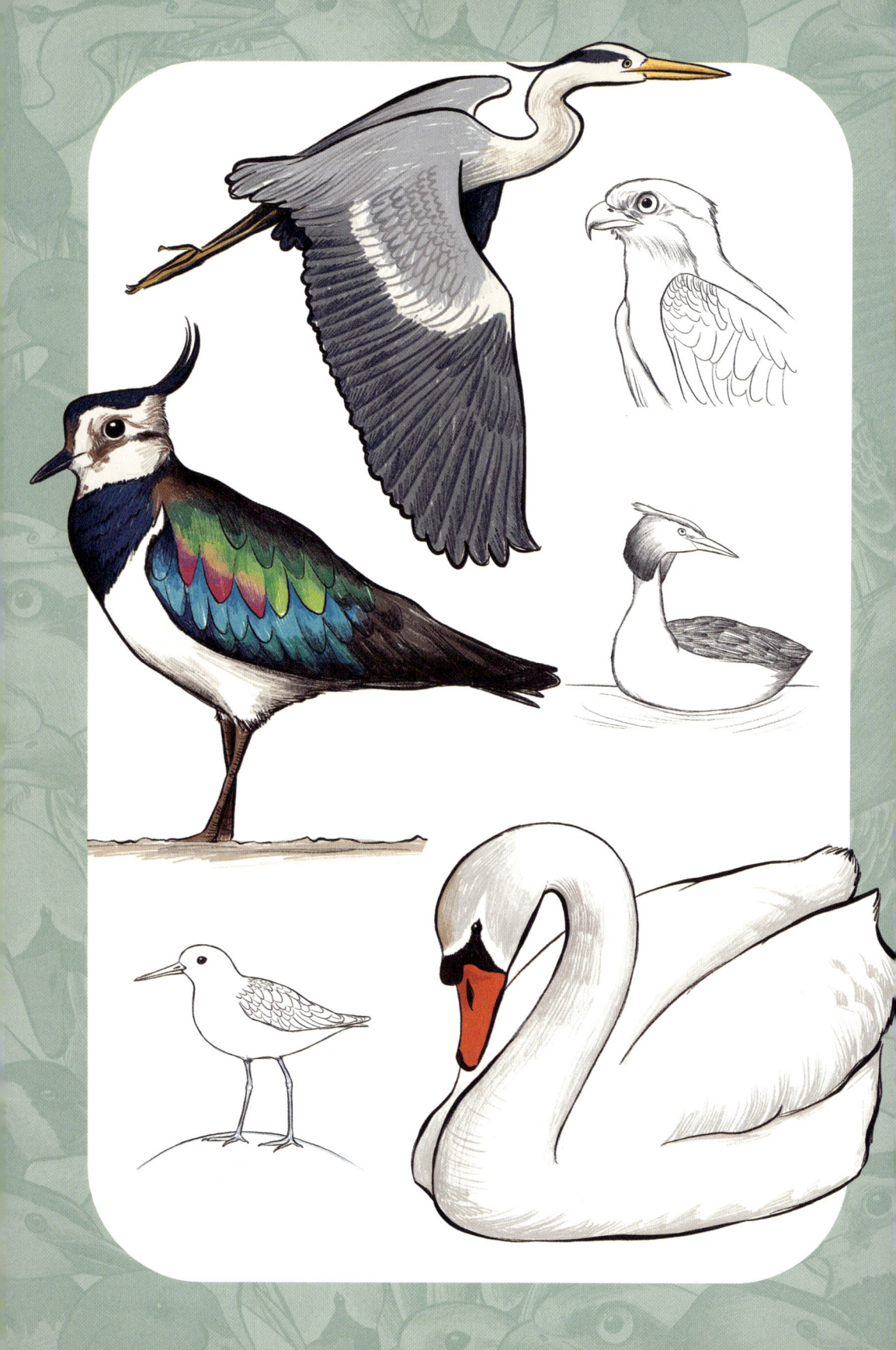

Aves acuáticas y de humedales

Cisne blanco

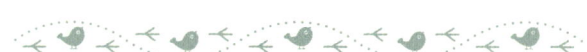

Los cisnes se caracterizan por tener un cuello muy largo y un plumaje liso y blanquecino. El cisne blanco tiene una protuberancia negra en el pico.

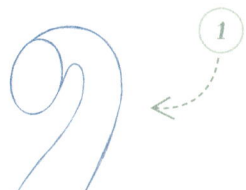

1 Esboce una forma alargada en forma de gancho como guía para el cuello y añada un óvalo pequeño para la cabeza.

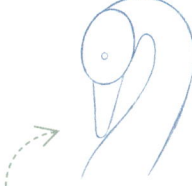

2 Dibuje un pico triangular y un circulito para el ojo del cisne.

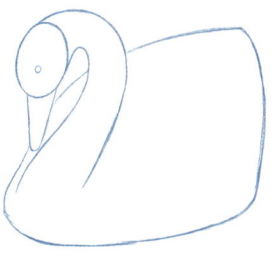

3 Esboce el contorno del cuerpo.

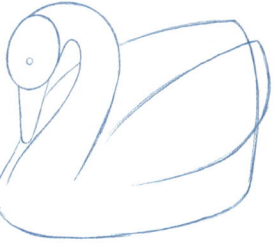

4 Trace la forma del ala.

5 Con una pluma, dibuje el ojo y deje un puntito blanco en su interior para el reflejo. Haga el pico y trace una raya en la parte superior para el orificio nasal.

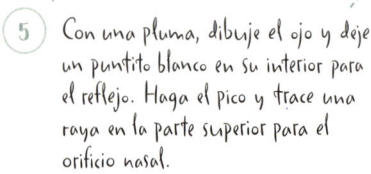
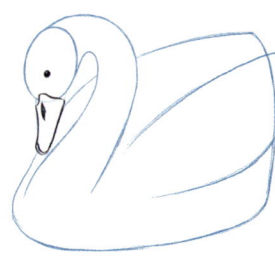

30

6 Añada una pequeña protuberancia en la parte superior del pico y perfile la cabeza del cisne.

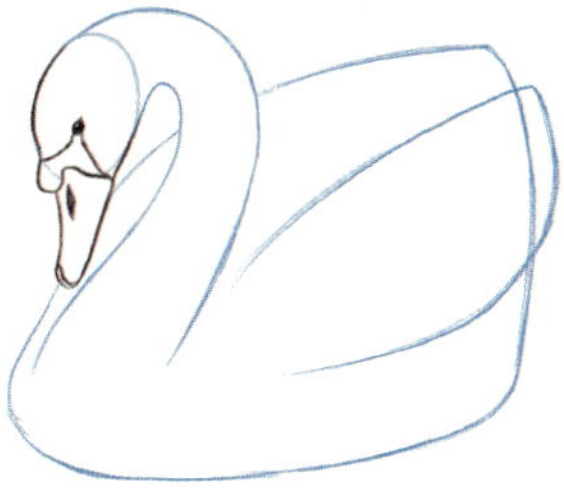

7 Dibuje el cuello y haga la base un poco más ancha. Borre las guías de la cabeza.

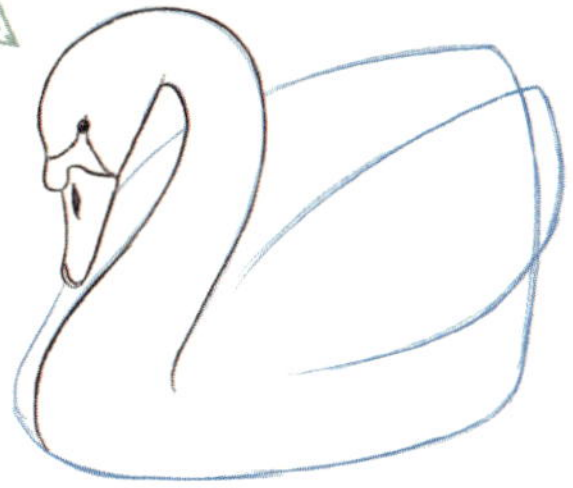

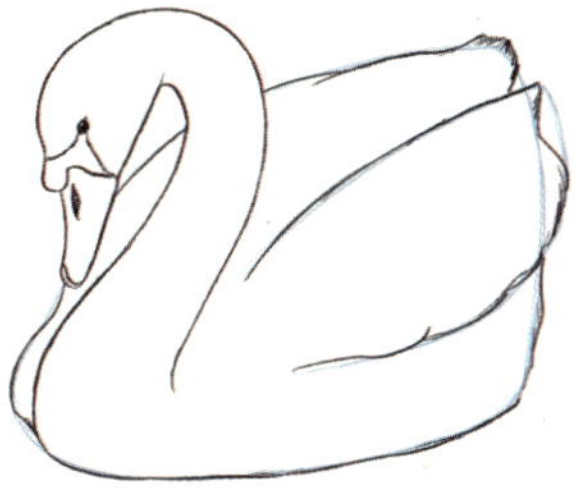

8 A continuación, dibuje el ala y perfile el resto del cuerpo. Trace unas líneas cortas en la parte posterior del cuerpo para hacer la cola. Borre todas las líneas que queden.

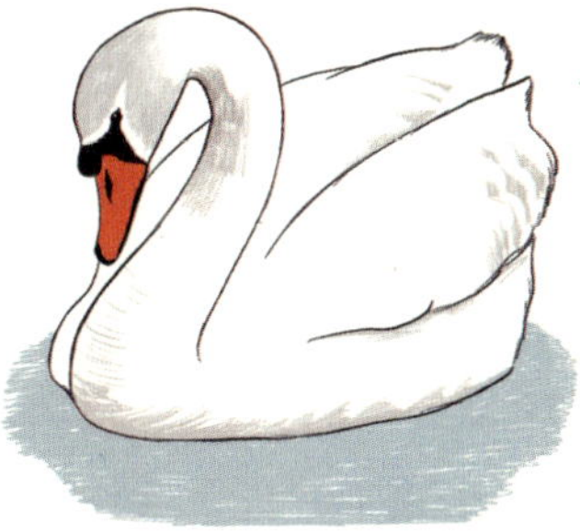

9 Añada algo de sombreado con un lápiz gris para dar volumen al cisne. Coloree el pico con un naranja brillante. Pinte de negro la protuberancia y la punta del pico. Utilice un azul suave para representar el agua.

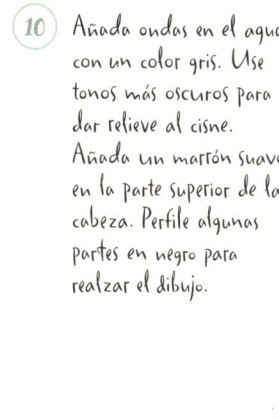

10 Añada ondas en el agua con un color gris. Use tonos más oscuros para dar relieve al cisne. Añada un marrón suave en la parte superior de la cabeza. Perfile algunas partes en negro para realzar el dibujo.

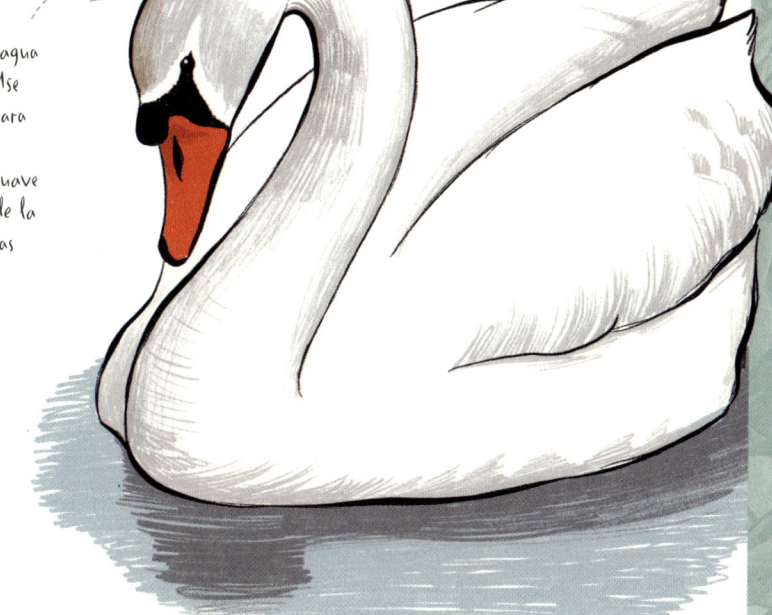

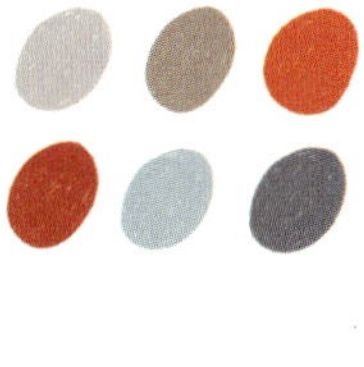

Garza real

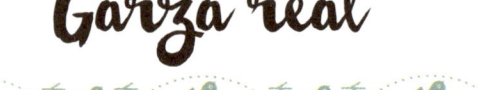

La garza real es blanca, negra y gris, y tiene una distintiva franja oscura sobre el ojo, que se prolonga hasta el cuello en forma de largas plumas.

① Trace un óvalo pequeño para la cabeza y esboce el pico, que será un poco más largo que la cabeza. Añada una línea en forma de S para el cuello.

② Dibuje un óvalo para el cuerpo.

32

③ Debajo del cuerpo, trace una forma de ala grande.

④ Añada la parte visible de la segunda ala, la cola y las patas.

⑤ Con una pluma, dibuje el ojo, la cabeza y el pico.

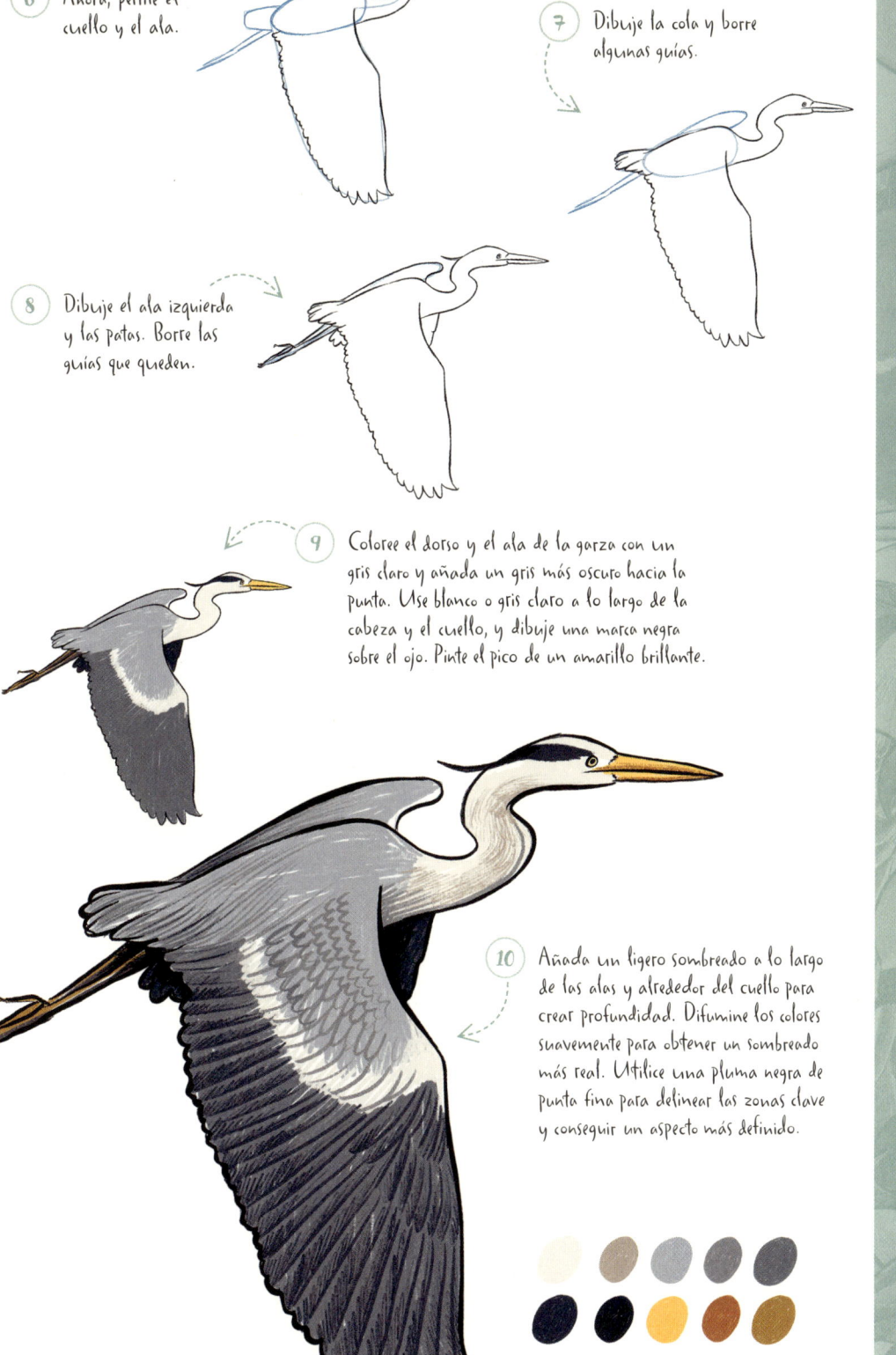

6 Ahora, perfile el cuello y el ala.

7 Dibuje la cola y borre algunas guías.

8 Dibuje el ala izquierda y las patas. Borre las guías que queden.

9 Coloree el dorso y el ala de la garza con un gris claro y añada un gris más oscuro hacia la punta. Use blanco o gris claro a lo largo de la cabeza y el cuello, y dibuje una marca negra sobre el ojo. Pinte el pico de un amarillo brillante.

10 Añada un ligero sombreado a lo largo de las alas y alrededor del cuello para crear profundidad. Difumine los colores suavemente para obtener un sombreado más real. Utilice una pluma negra de punta fina para delinear las zonas clave y conseguir un aspecto más definido.

Somormujo lavanco

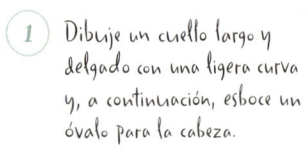

El somormujo lavanco tiene un cuello largo y elegante y un penacho oscuro muy llamativo en la parte superior de la cabeza, así como unas golas de color castaño rojizo a los lados.

1 Dibuje un cuello largo y delgado con una ligera curva y, a continuación, esboce un óvalo para la cabeza.

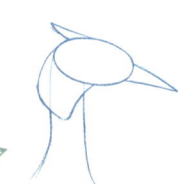

2 Añada un pico afilado y puntiagudo y una pequeña cresta. Luego, esboce la forma de las plumas de la gola alrededor del cuello.

3 Trace un óvalo para el cuerpo.

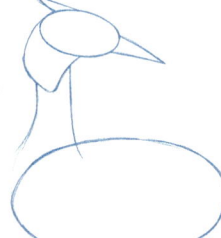

34

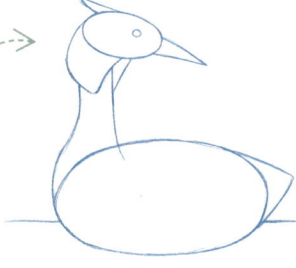

4 Dibuje un círculo pequeño para el ojo y una forma de V para la cola del pájaro. Trace una línea para la gola izquierda y otra para la superficie del agua.

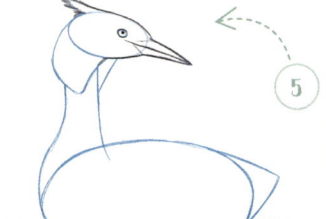

5 Con una pluma, dibuje el ojo y el pico. Use trazos cortos para dibujar la cresta.

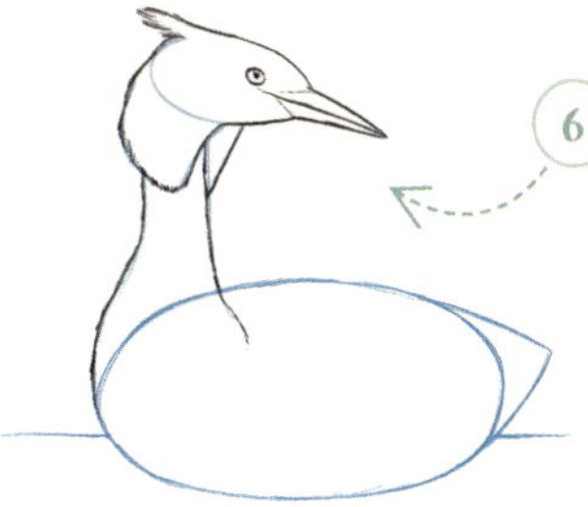

6 Perfile el cuello y las golas con trazos cortos para crear el efecto del plumaje. Borre algunas guías.

7 Dibuje el contorno del cuerpo y la cola.

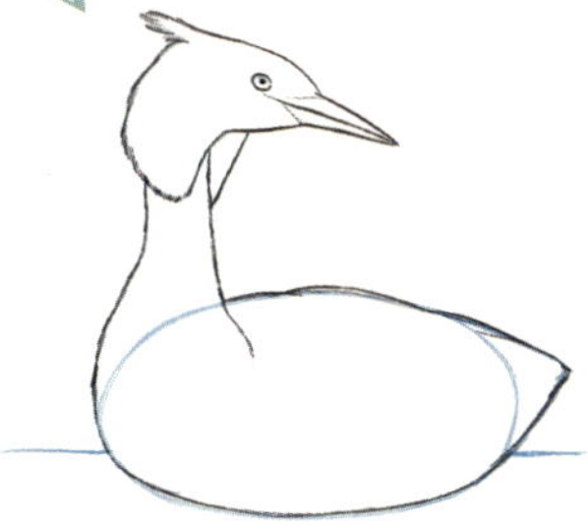

8 Añada un poco de sombreado con lápiz a la cabeza y las alas, mediante trazos cortos. Forme líneas curvas para crear ondas en el agua. Borre las guías que queden.

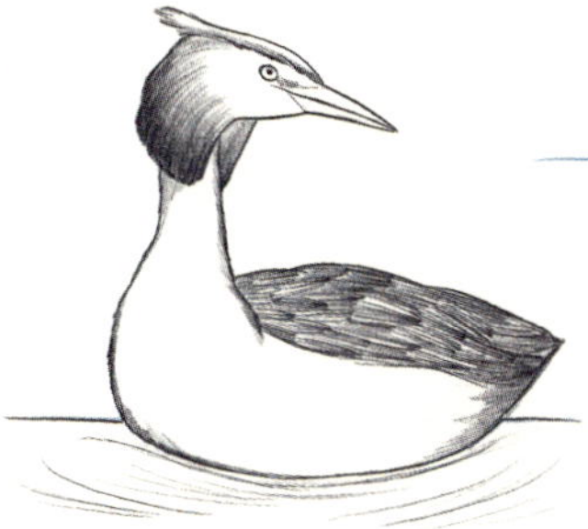

9 Coloree la cresta de color gris oscuro y use tonos marrones y castaños para la gola, el pico y el dorso. Emplee beis para el pecho y la parte inferior del vientre. Coloree el pico de marrón y los ojos de rojo brillante.

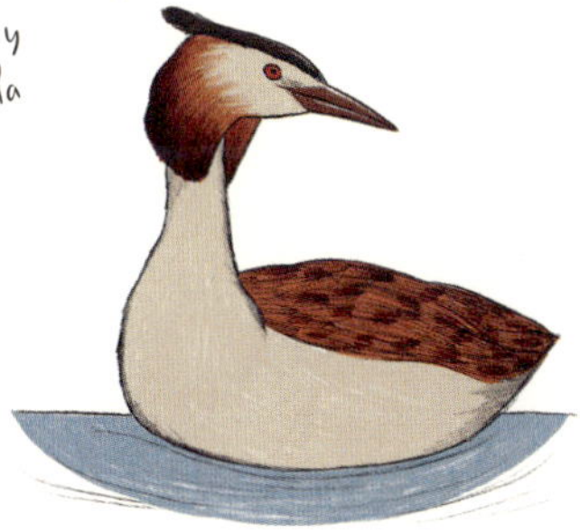

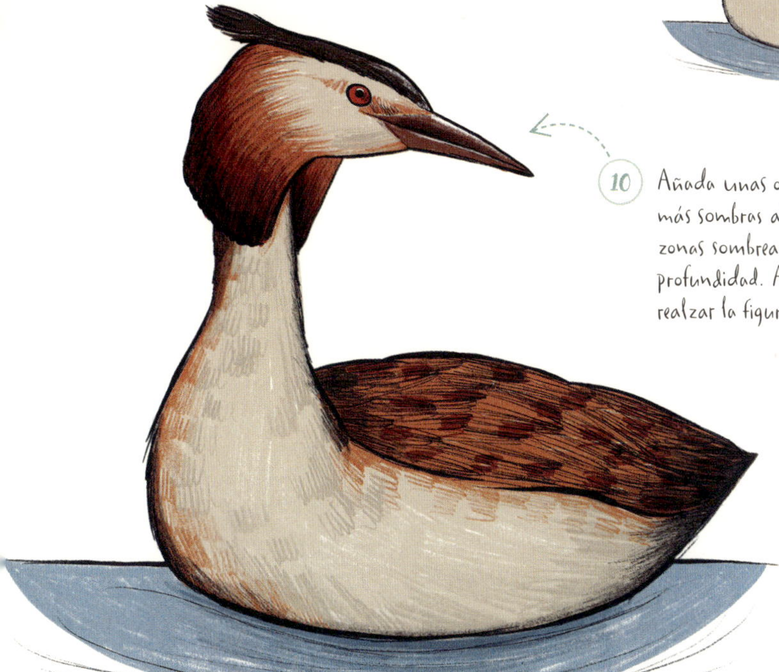

10 Añada unas ondas en el agua. Aplique más sombras al ave y oscurezca las zonas sombreadas que necesiten más profundidad. Ajuste los reflejos para realzar la figura del ave.

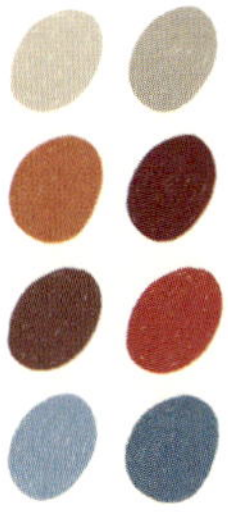

Aves acuáticas y de humedales
Avefría europea

Las avefrías europeas tienen una cresta larga y curvada muy característica.
Puedes usar colores brillantes para las plumas del dorso y las alas,
de aspecto ligeramente metálico.

1 Para la cabeza del avefría europea, dibuje un cuadrado como guía y una forma ovalada para el cuerpo.

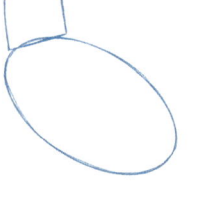

2 Añada un triángulo para el pico, un círculo pequeño para el ojo y una cresta curvada.

3 Trace una forma de V para la cola.

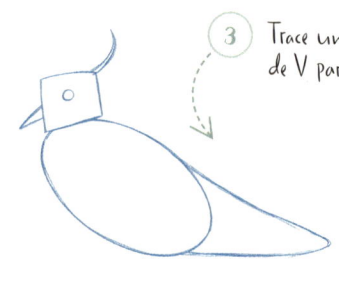

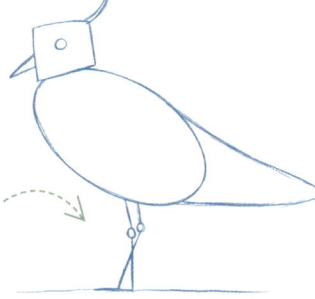

4 Esboce unas guías para las patas.

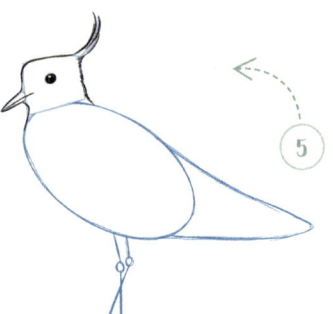

5 Con una pluma, dibuje la cabeza, el pico y el ojo, con n reflejo blanco en su interior. Use trazos cortos en la parte posterior de la cabeza para crear un aspecto esponjoso.

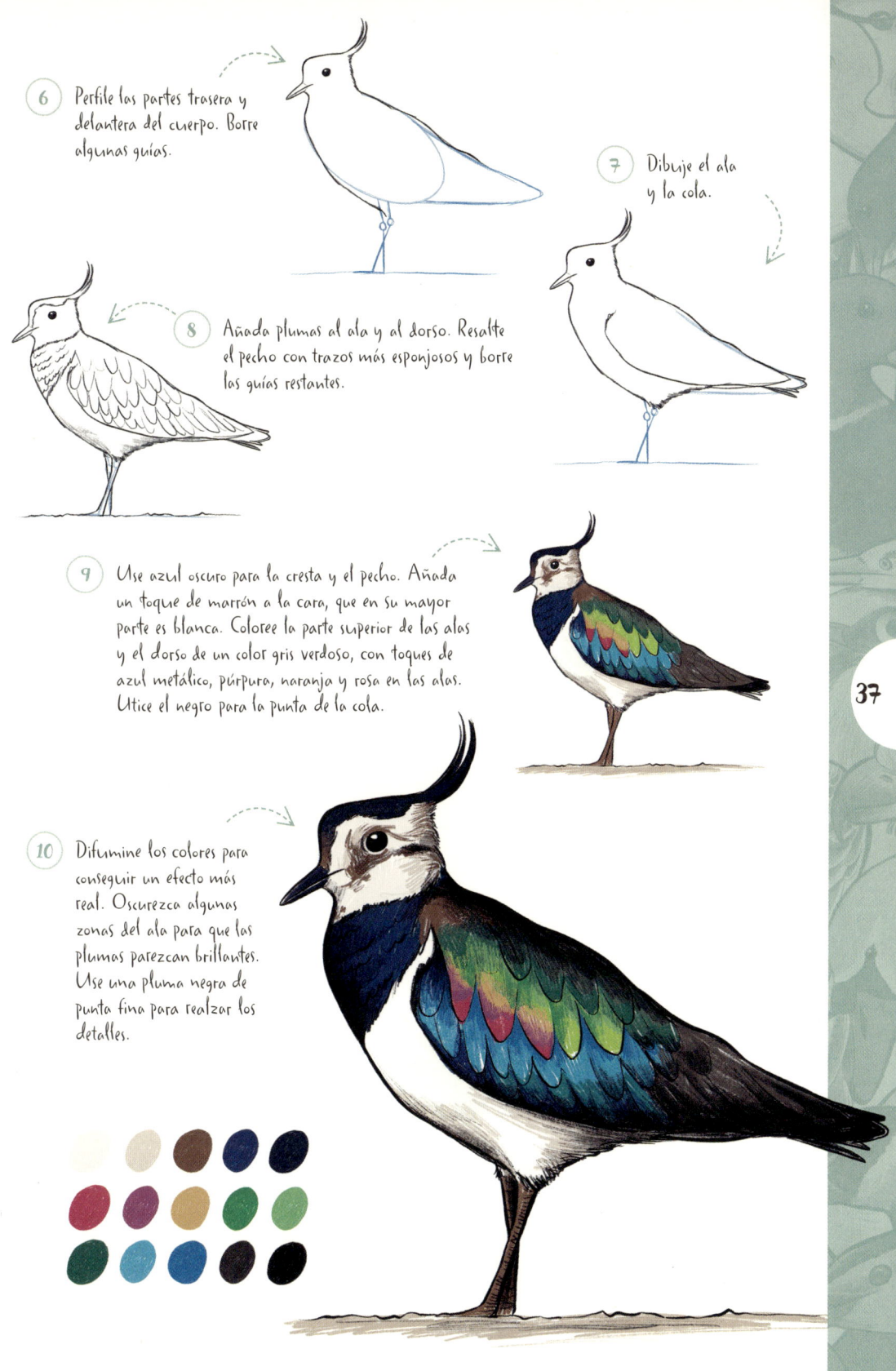

6 Perfile las partes trasera y delantera del cuerpo. Borre algunas guías.

7 Dibuje el ala y la cola.

8 Añada plumas al ala y al dorso. Resalte el pecho con trazos más esponjosos y borre las guías restantes.

9 Use azul oscuro para la cresta y el pecho. Añada un toque de marrón a la cara, que en su mayor parte es blanca. Coloree la parte superior de las alas y el dorso de un color gris verdoso, con toques de azul metálico, púrpura, naranja y rosa en las alas. Utice el negro para la punta de la cola.

10 Difumine los colores para conseguir un efecto más real. Oscurezca algunas zonas del ala para que las plumas parezcan brillantes. Use una pluma negra de punta fina para realzar los detalles.

Polla de agua

Las patas de la polla de agua son grandes en relación con el tamaño de
su cuerpo. Sombree con cuidado, usando un degradado más oscuro hacia
la parte inferior del vientre para dar profundidad.

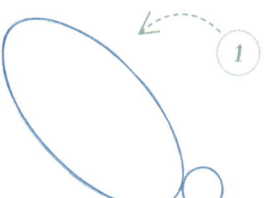

1 Esboce un óvalo para
el cuerpo y un círculo
pequeño para la cabeza.

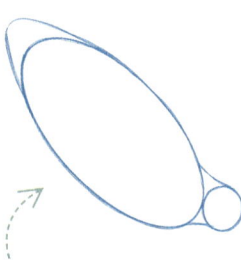

2 Añada líneas curvas
para crear el cuello y
trace una cola corta.

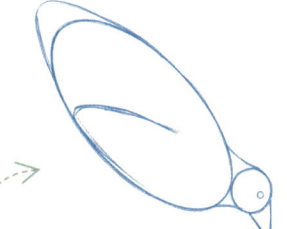

3 Esboce un ala plegada y
añada el pico y un círculo
pequeño para el ojo.

4 Trace las patas del
ave y añada una
línea para representar
el suelo.

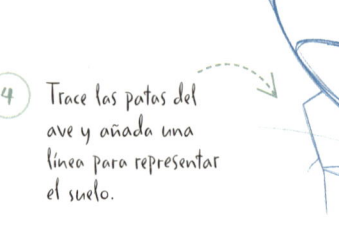

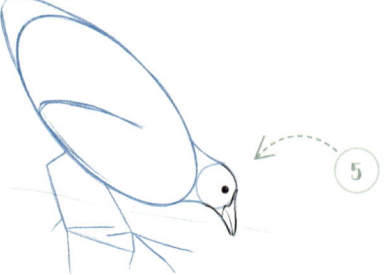

5 Con una pluma, dibuje el pico
y el ojo; no olvide dejar un
puntito blanco para el reflejo.

6 A continuación, dibuje el contorno del cuello, el dorso y el ala.

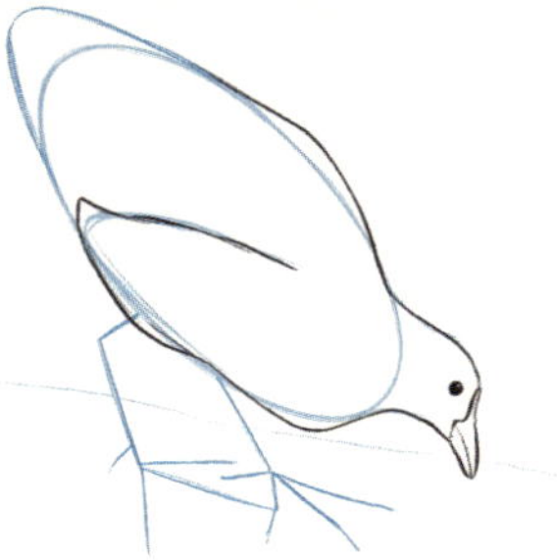

7 Termine de perfilar el cuerpo y la cola.

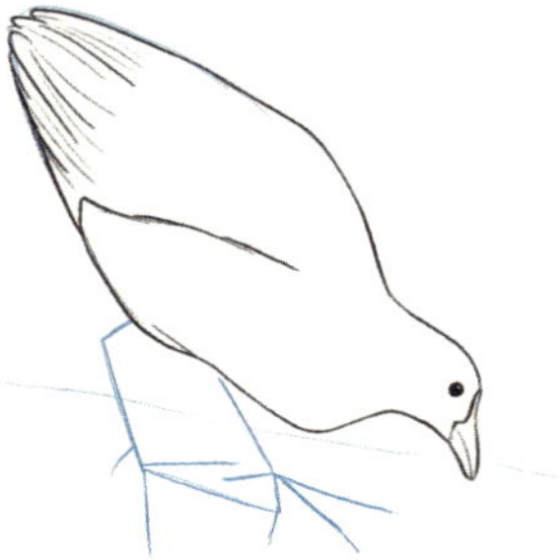

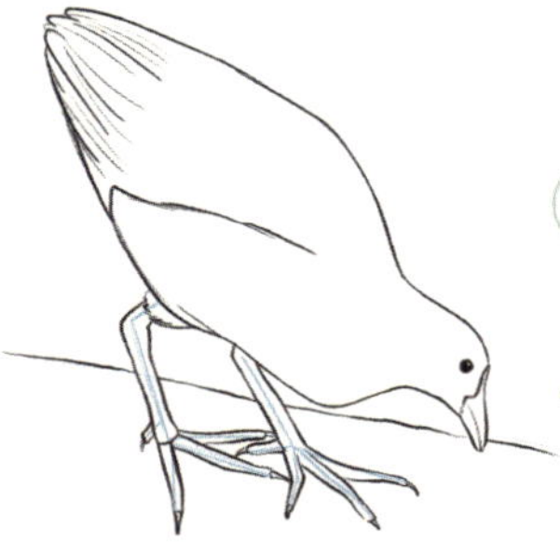

8 Dibuje las patas y las garras del ave. Perfile la línea para el suelo y borre todas las guías.

9 Coloree el cuerpo con un gris oscuro y deje un poco de blanco en las puntas de las alas. Use naranja y amarillo para el pico, y un verde amarillento para las patas.

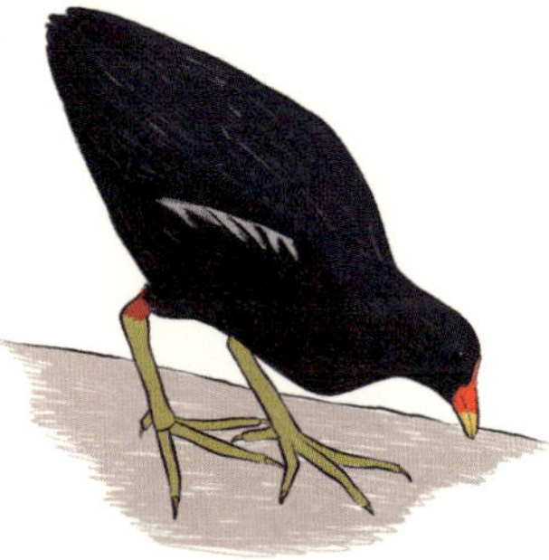

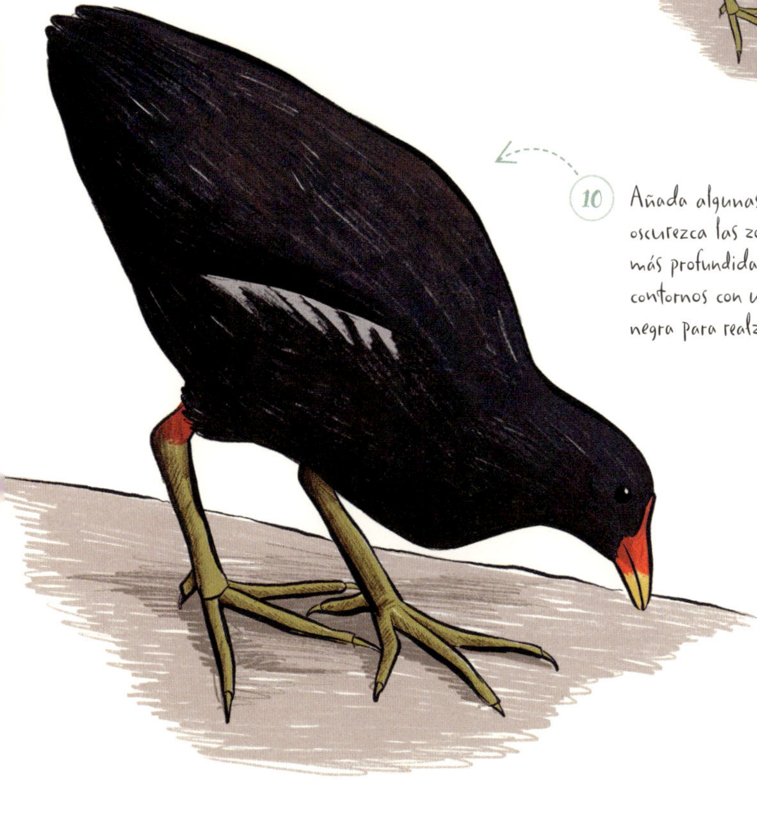

10 Añada algunas sombras y oscurezca las zonas que necesiten más profundidad. Repase los contornos con una pluma de tinta negra para realzar la figura.

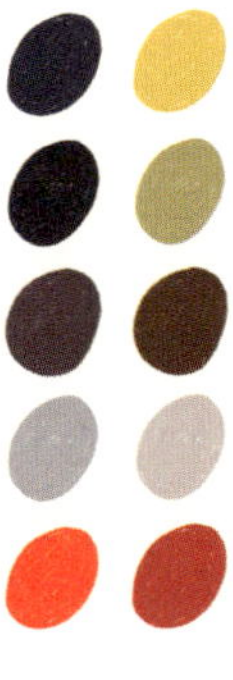

Ánade real

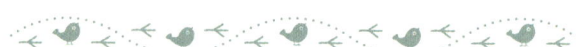

La cabeza verde brillante y el pico amarillo del ánade real lo hacen inconfundible. Añada algunas sombras para obtener un aspecto más real.

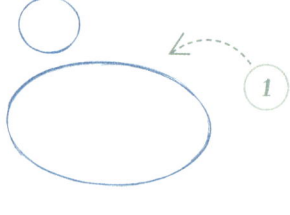

1 Trace un óvalo grande como guía para el cuerpo y un círculo más pequeño para la cabeza.

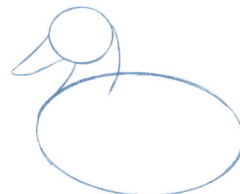

2 Añada un triángulo redondeado para el pico y dos líneas curvas para dar forma al cuello.

40

3 Trace un círculo pequeño para el ojo y dibuje la forma del ala.

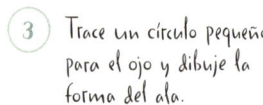

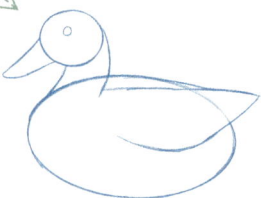

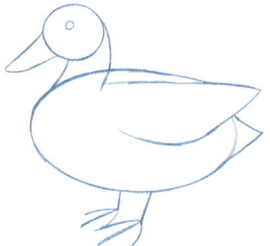

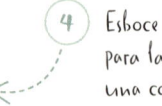

4 Esboce las guías para las patas y una cola corta.

5 Con una pluma, dibuje el ojo y curve la línea del pico. Añada un óvalo pequeño para hacer el orificio nasal.

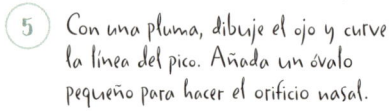

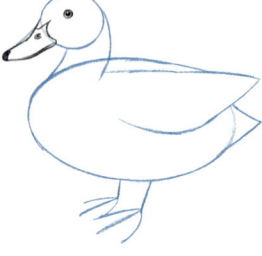

6 Dibuje la cabeza y el cuello del ánade real. Borre algunas guías.

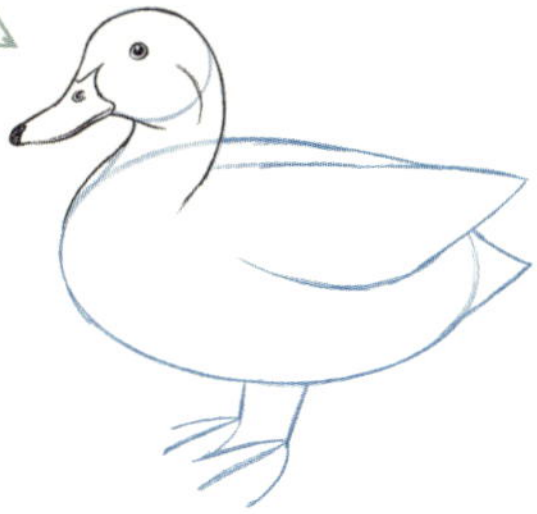

7 A continuación, dibuje el ala plegada del ánade real.

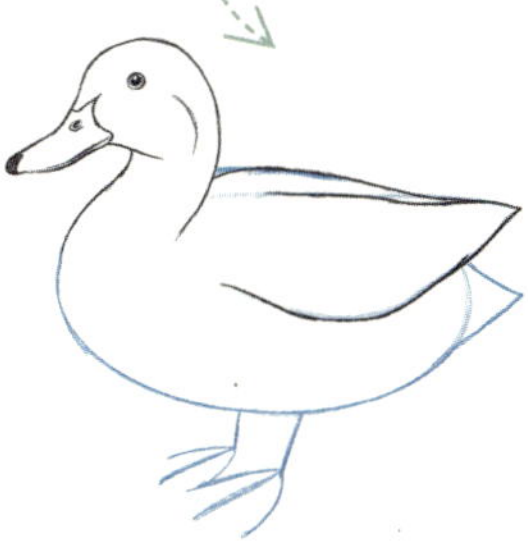

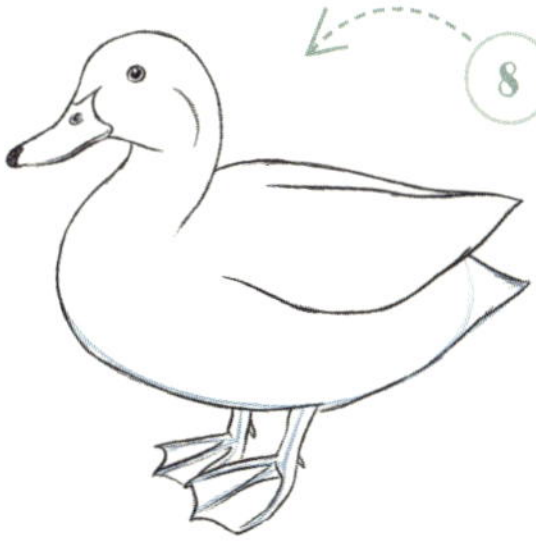

8 Termine de dibujar el contorno del cuerpo. Luego, dibuje las patas, empezando por los tres dedos y siguiendo por la membrana que hay entre ellos. Borre las guías que queden.

9 Coloree la cabeza de color verde, el pico de amarillo y el cuerpo en tonos marrones y beis. Añada una franja de color azul en el ala. Use naranja brillante para las patas.

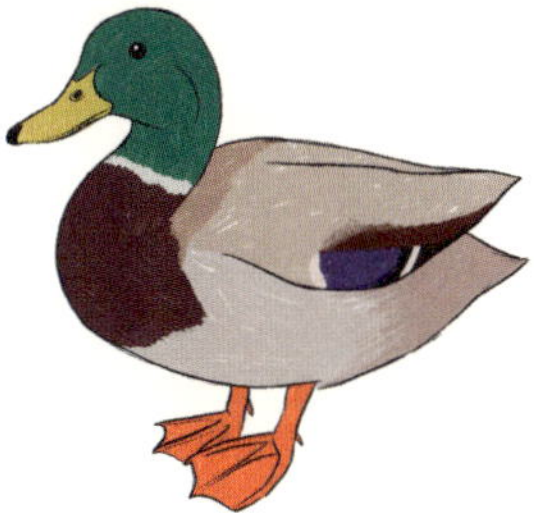

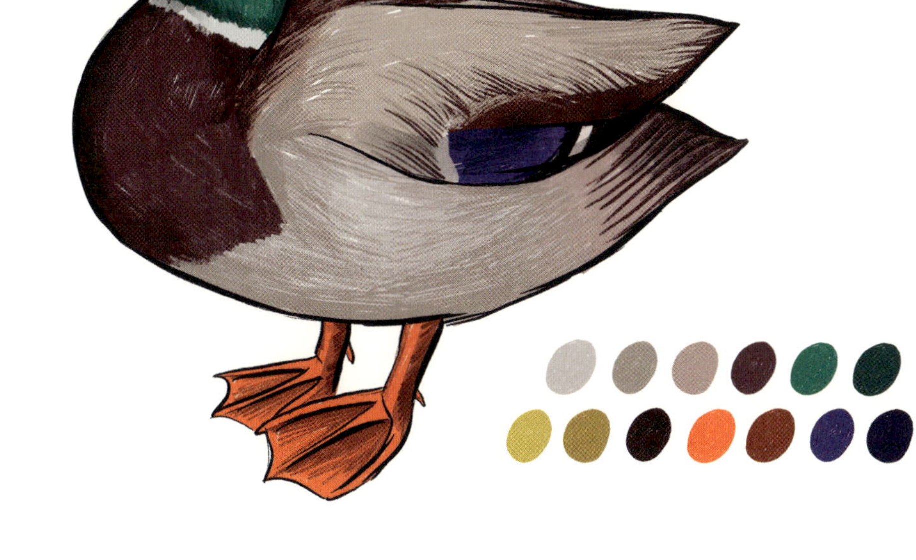

10 Sombree el dibujo para darle más relieve y volumen. Aplique distintos grados de presión con el lápiz para obtener tonos diferentes. Por último, resalte los contornos con una pluma de tinta negra.

Aves acuáticas y de humedales
Barnacla canadiense

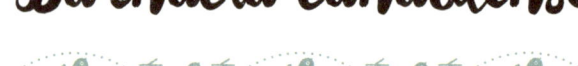

Esta ave grande y robusta tiene unas patas fuertes y el dorso
y el pecho redondeados. Sombree con cuidado para conseguir
las marcas características de las plumas.

1 Trace un óvalo grande
como guía para hacer el
cuerpo de la barnacla.

2 Esboce un círculo
pequeño para la cabeza
y una línea curva para
el cuello.

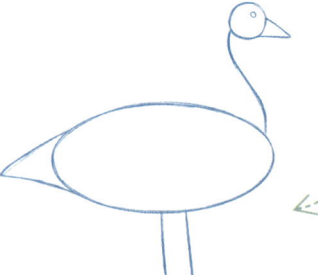

3 Añada un triángulo para
el pico y un círculo pequeño
para el ojo. Trace una cola
triangular.

4 Haga las guías
para las patas.

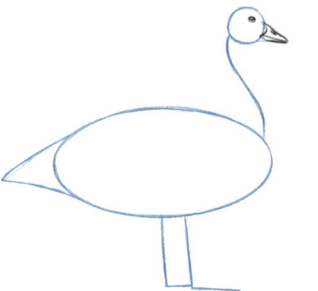

5 Con una pluma, dibuje el ojo y
el pico. Añada un pequeño orificio
nasal y una línea para la parte
inferior del pico.

6 Dibuje la cabeza y el cuello de la barnacla.

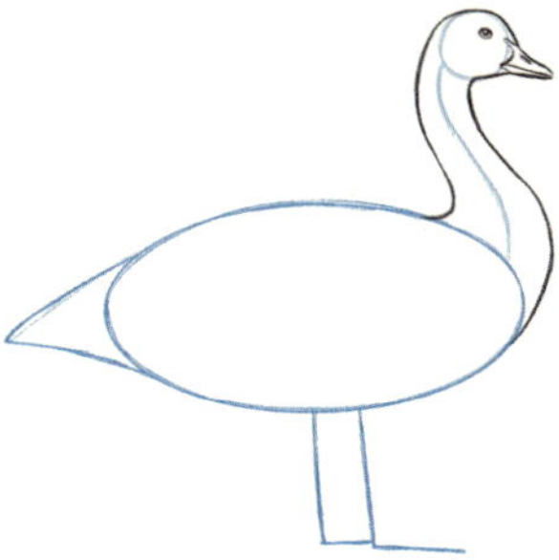

7 A continuación, dibuje el ala plegada y perfile el cuerpo. Borre algunas guías.

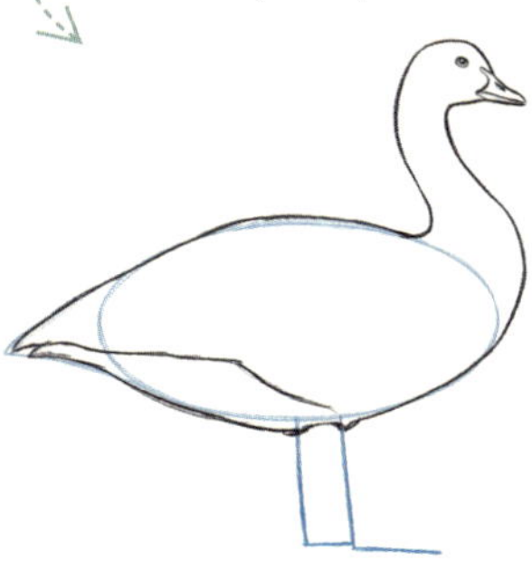

8 Dibuje las patas y las garras y borre las guías restantes.

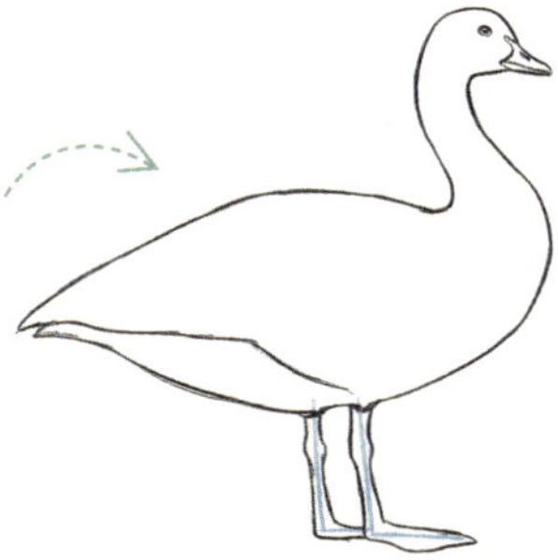

9 Coloree la cabeza de gris oscuro y negro, y deje una marca blanca. Use gris para el pico y pinte el cuerpo con tonos marrones y beis.

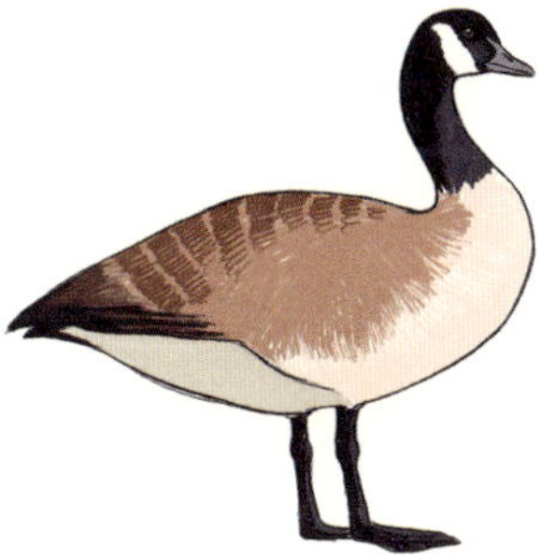

10 Sombree el dibujo para darle más relieve y volumen. Con un lápiz marrón oscuro, esboce las plumas del dorso. Añada unas líneas grises debajo de las garras y más allá para crear la sombra de la figura en el suelo.

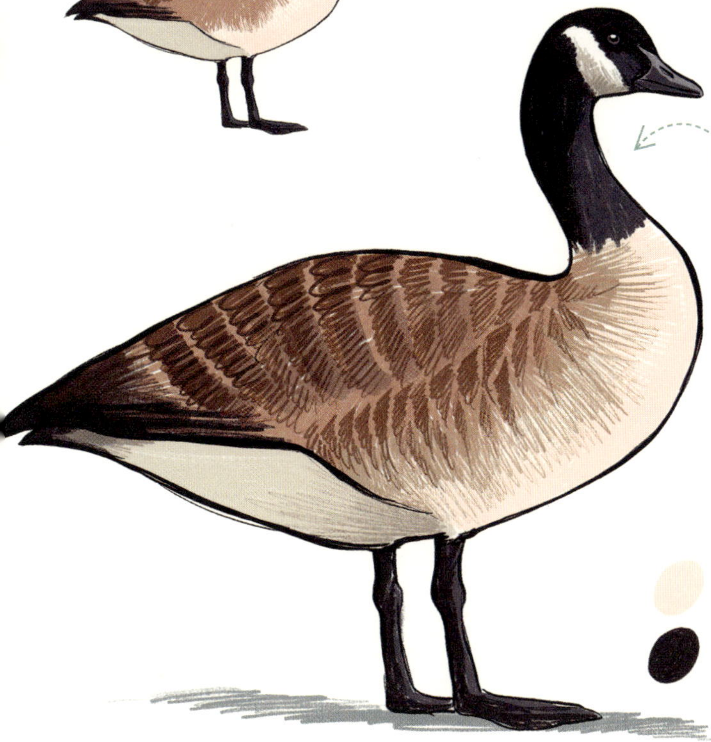

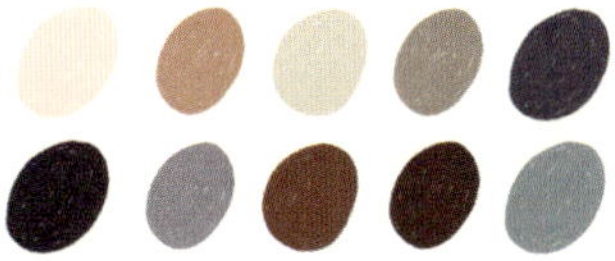

Aves acuáticas y de humedales
Correlimos

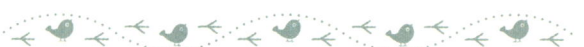

Esta bonita ave zancuda tiene las patas y el pico largos. Coloree su dibujo con cuidado para conseguir el característico dorso y las alas moteadas.

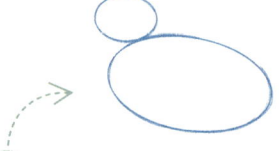

1 Trace un óvalo grande como guía para el cuerpo y un círculo pequeño para la cabeza.

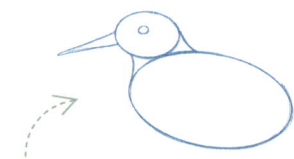

2 Añada el ojo y un pico largo. Una la cabeza al cuerpo con dos líneas curvas.

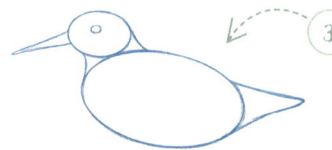

3 Añada una cola corta.

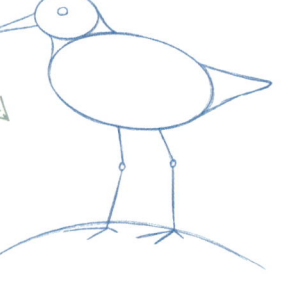

4 Esboce unas guías para las patas, con una articulación prominente en la rodilla, y una línea curva para el suelo.

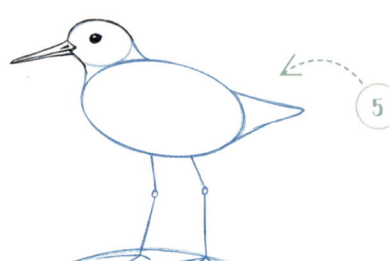

5 Con una pluma, dibuje el pico, la cabeza y el ojo, con un puntito blanco para el reflejo. Añada un pequeño orificio nasal en el pico.

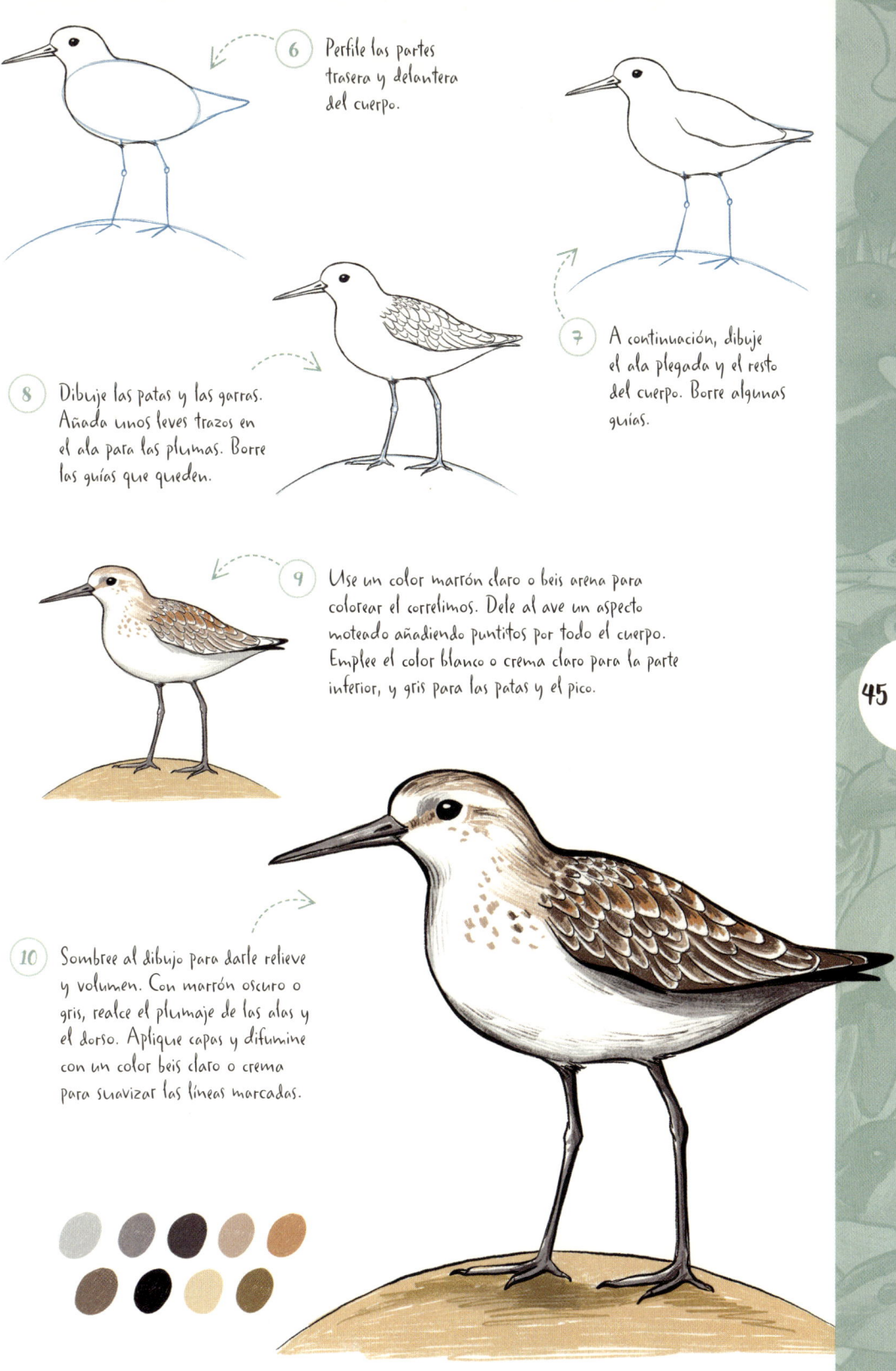

6 Perfile las partes trasera y delantera del cuerpo.

7 A continuación, dibuje el ala plegada y el resto del cuerpo. Borre algunas guías.

8 Dibuje las patas y las garras. Añada unos leves trazos en el ala para las plumas. Borre las guías que queden.

9 Use un color marrón claro o beis arena para colorear el correlimos. Dele al ave un aspecto moteado añadiendo puntitos por todo el cuerpo. Emplee el color blanco o crema claro para la parte inferior, y gris para las patas y el pico.

45

10 Sombree al dibujo para darle relieve y volumen. Con marrón oscuro o gris, realce el plumaje de las alas y el dorso. Aplique capas y difumine con un color beis claro o crema para suavizar las líneas marcadas.

Aves acuáticas y de humedales
Águila pescadora

Esta gran ave rapaz se presenta robusta y poderosa. Use un amarillo brillante para los ojos y dibuje con cuidado la curva del pico.

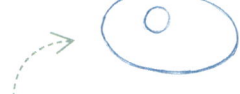

1 Para hacer la cabeza del águila pescadora, trace un óvalo como guía. En su interior, añada un círculo para el ojo.

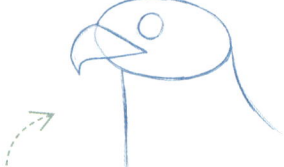

2 Esboce un pico afilado y puntiagudo y dos guías para hacer el cuello.

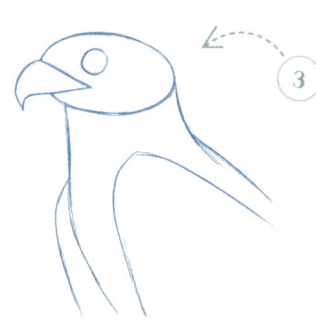

3 Para añadir la parte superior del cuerpo, alargue el cuello y esboce los hombros y las alas.

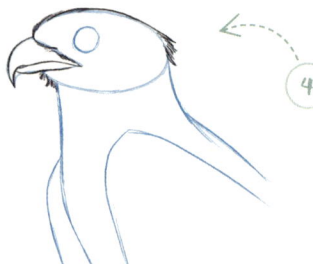

4 Con una pluma, trace el pico y el contorno superior de la cabeza.

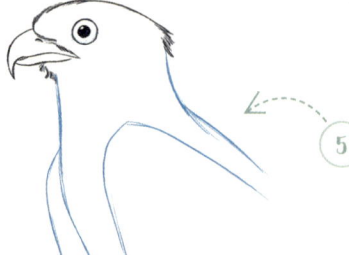

5 Dibuje el ojo y deje un reflejo blanco en su interior.

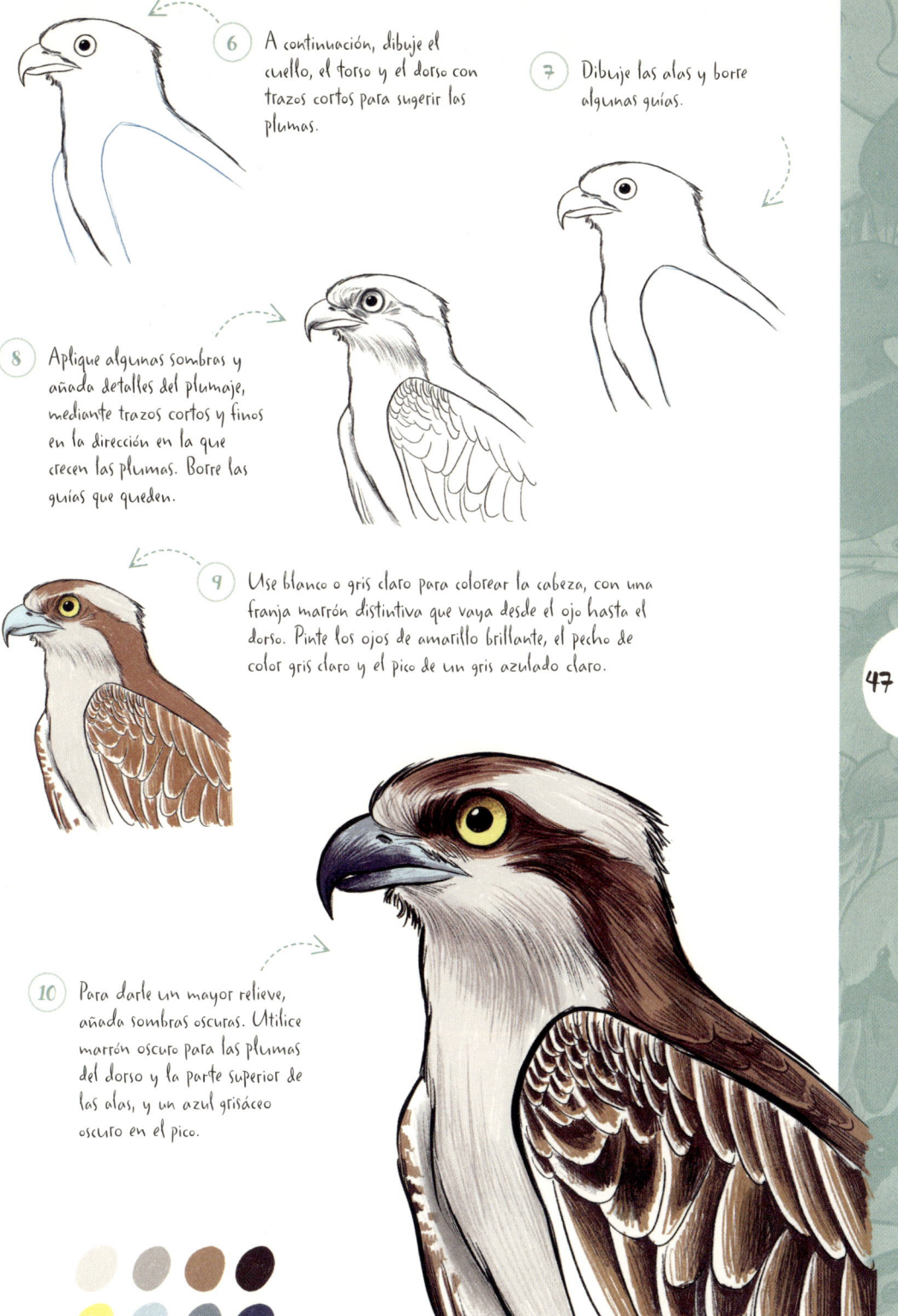

6 A continuación, dibuje el cuello, el torso y el dorso con trazos cortos para sugerir las plumas.

7 Dibuje las alas y borre algunas guías.

8 Aplique algunas sombras y añada detalles del plumaje, mediante trazos cortos y finos en la dirección en la que crecen las plumas. Borre las guías que queden.

9 Use blanco o gris claro para colorear la cabeza, con una franja marrón distintiva que vaya desde el ojo hasta el dorso. Pinte los ojos de amarillo brillante, el pecho de color gris claro y el pico de un gris azulado claro.

10 Para darle un mayor relieve, añada sombras oscuras. Utilice marrón oscuro para las plumas del dorso y la parte superior de las alas, y un azul grisáceo oscuro en el pico.

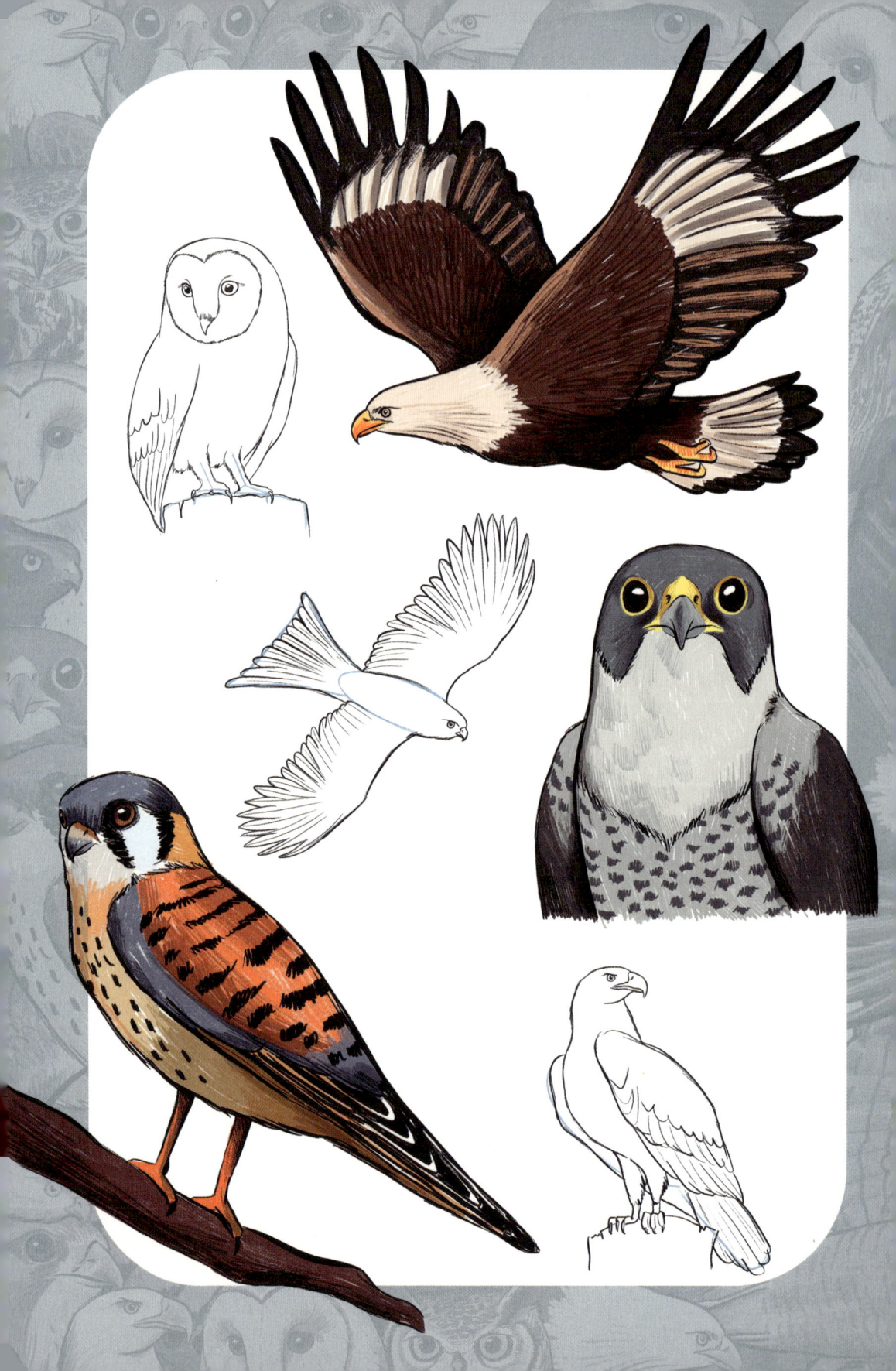

Aves rapaces

Busardo ratonero

Un rasgo característico de los busardos es su penetrante mirada.
Añada a los ojos un punto de luz para reflejar su permanente estado
de alerta y dibuje un pecho ancho para mostrar su robustez.

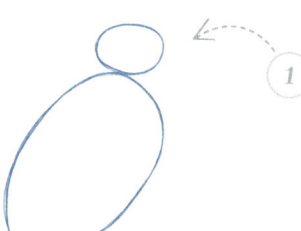

1 Trace un círculo ligeramente
aplanado como guía para la
cabeza y un óvalo grande
para el cuerpo.

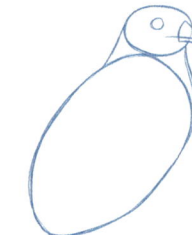

2 Esboce el pico en forma de
gancho y añada un círculo para
el ojo. Una la cabeza al cuerpo
con dos líneas curvas.

3 Esboce el ala derecha
plegada, una línea para
el ala izquierda y una
forma curva para la cola.

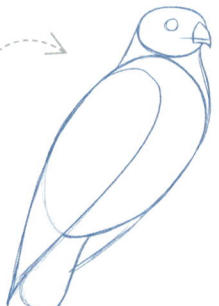

50

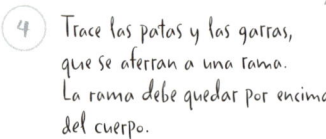

4 Trace las patas y las garras,
que se aferran a una rama.
La rama debe quedar por encima
del cuerpo.

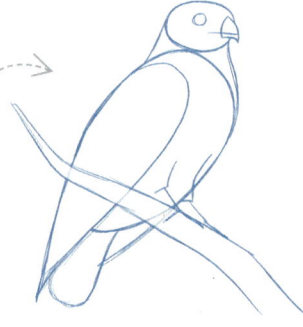

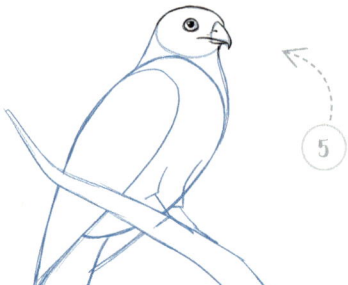

5 Con una pluma, dibuje el ojo, con un
pequeño reflejo en su interior, y el pico.
Añada un pequeño orificio nasal en el
pico. Perfile la cabeza.

6 Dibuje el contorno de la rama, las patas y las garras. Borre las guías de la cabeza.

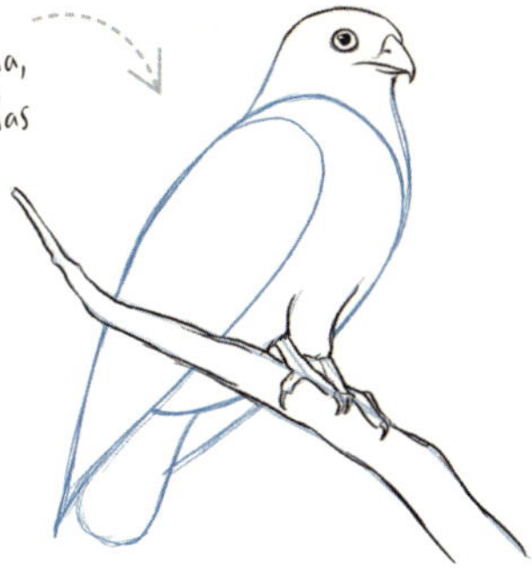

7 A continuación, haga el contorno del ala.

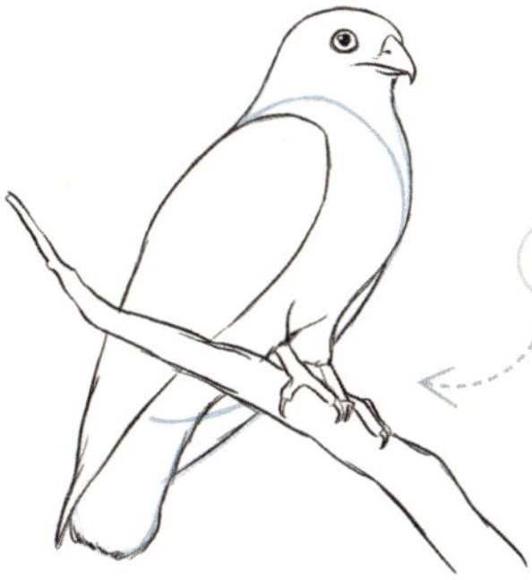

8 Dibuje la cola con trazos cortos y termine de dibujar el contorno del cuerpo. Borre las guías que queden.

9 Use trazos cortos al añadir color para simular las plumas. Utilice un marrón de tono medio para la cabeza, beis para el pecho, marrones más oscuros para las alas y amarillo y gris azulado para el pico. Añada unas motas oscuras en el pecho y pinte la cola y la rama de color marrón.

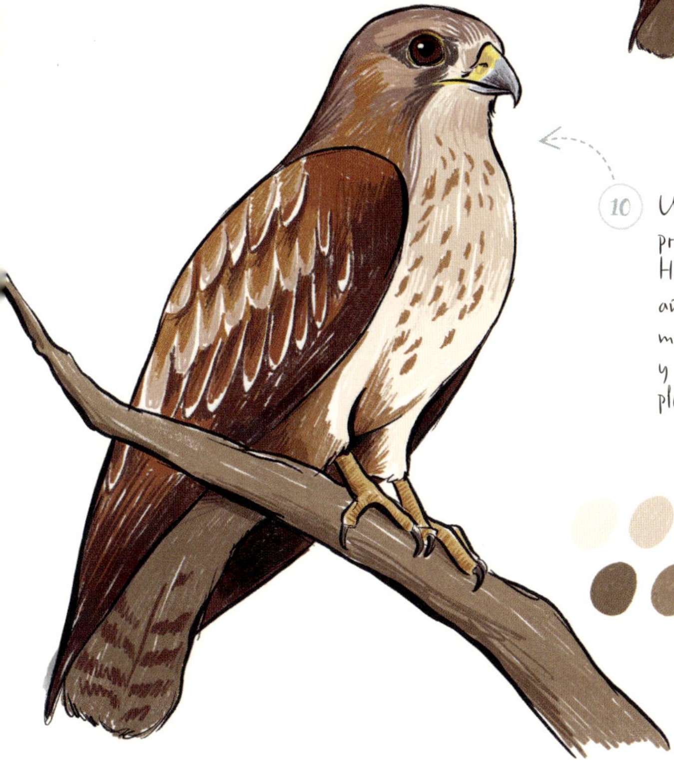

10 Use tonos oscuros para añadir profundidad y volumen al busardo. Haga la parte inferior más clara y añada unas rayas en la cola. Elija un marrón muy oscuro para el ala izquierda y luego repase los contornos con una pluma de punta fina.

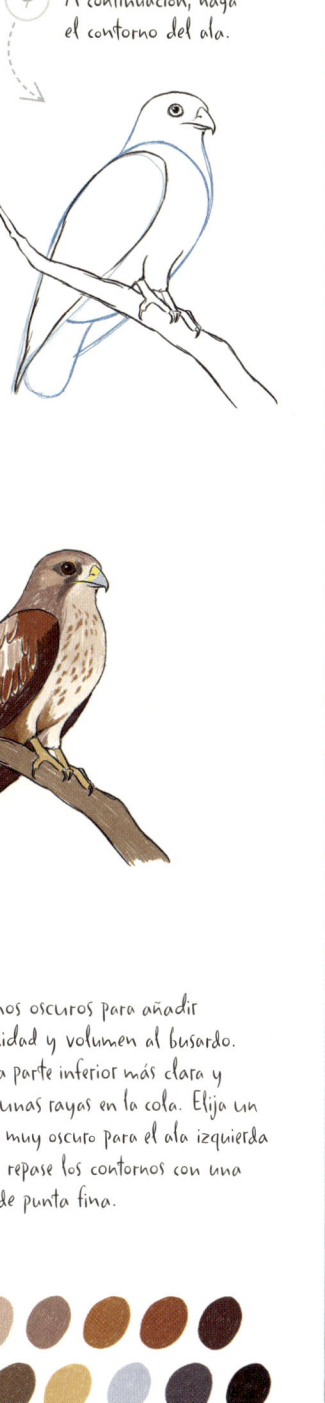

Aves rapaces
Cernícalo

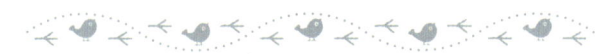

Asegúrese de que su cernícalo tenga los ojos redondos y una mirada intensa, las alas rayadas y el pecho lleno de vistosos puntitos para reflejar bien sus características.

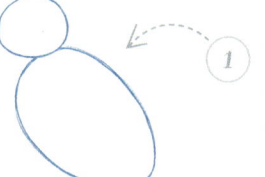

1 Trace un círculo como guía para la cabeza y un óvalo para el cuerpo.

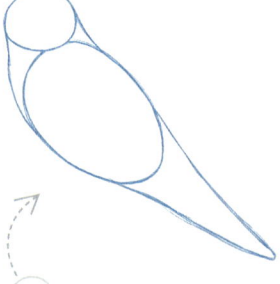

2 Una las dos formas para crear el cuello. Luego, dibuje una cola larga.

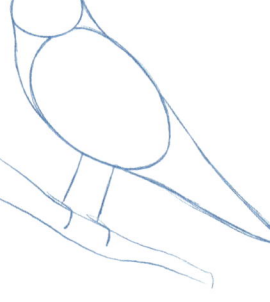

3 Trace las guías para las patas y la rama de árbol.

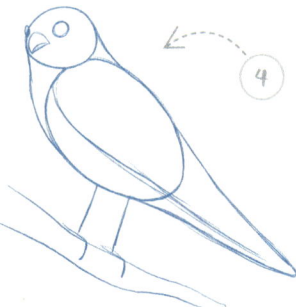

4 A continuación, esboce un pico corto en forma de gancho y los ojos. Añada una línea larga a lo largo del cuerpo para definir el ala.

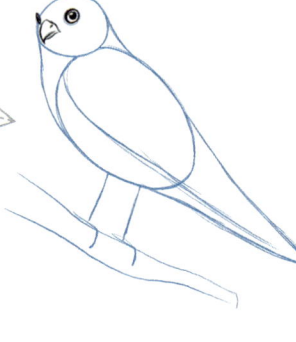

5 Con una pluma, dibuje el ojo con un contorno grueso y un reflejo en su interior. Luego, añada el pico.

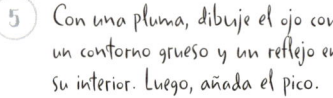

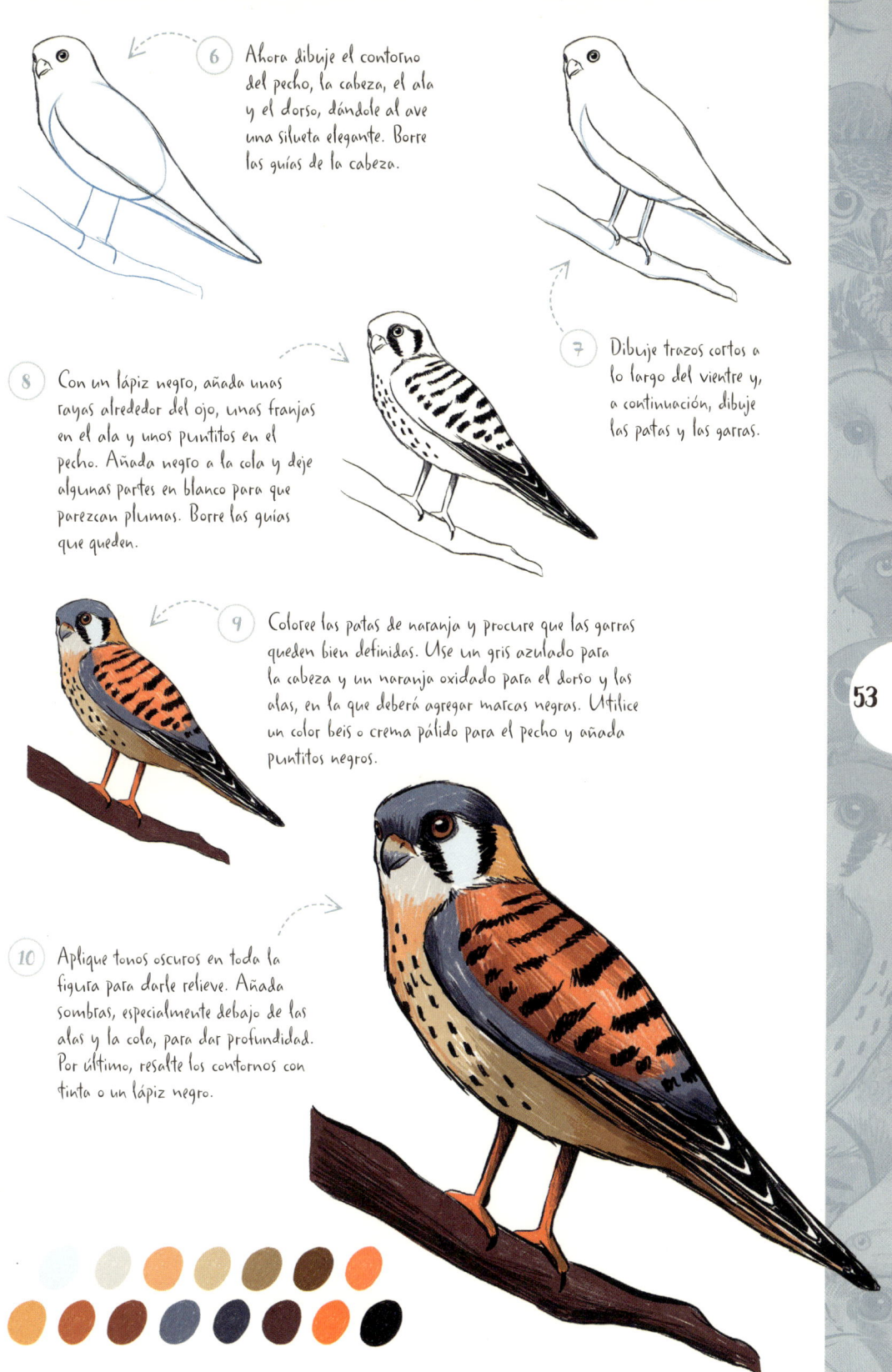

6 Ahora dibuje el contorno del pecho, la cabeza, el ala y el dorso, dándole al ave una silueta elegante. Borre las guías de la cabeza.

7 Dibuje trazos cortos a lo largo del vientre y, a continuación, dibuje las patas y las garras.

8 Con un lápiz negro, añada unas rayas alrededor del ojo, unas franjas en el ala y unos puntitos en el pecho. Añada negro a la cola y deje algunas partes en blanco para que parezcan plumas. Borre las guías que queden.

9 Coloree las patas de naranja y procure que las garras queden bien definidas. Use un gris azulado para la cabeza y un naranja oxidado para el dorso y las alas, en la que deberá agregar marcas negras. Utilice un color beis o crema pálido para el pecho y añada puntitos negros.

10 Aplique tonos oscuros en toda la figura para darle relieve. Añada sombras, especialmente debajo de las alas y la cola, para dar profundidad. Por último, resalte los contornos con tinta o un lápiz negro.

Gavilán común

El pico en forma de gancho del gavilán debe ser afilado y ligeramente curvado hacia abajo. Procure resaltar el arco superciliar para darle un aspecto temible y despiadado.

1 Empiece trazando un círculo como guía para la cabeza y un óvalo para el cuerpo.

2 Una la cabeza y el cuerpo para formar el cuello y dibuje un triángulo curvo para el extremo del cuerpo.

3 Añada dos formas alargadas para las alas.

4 Añada una guía en forma de abanico para la cola y esboce las patas. Trace el ojo y el pico.

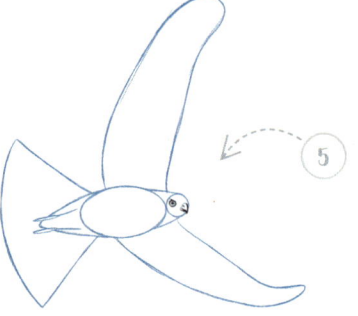

5 Con una pluma, dibuje el ojo y el arco superciliar, y luego el pico.

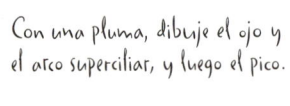

54

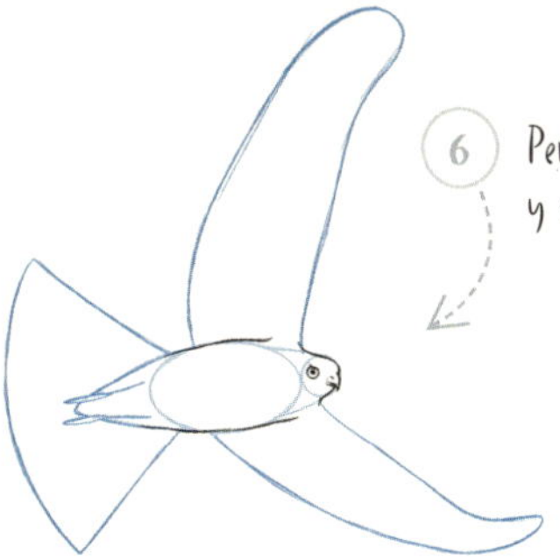

6 Perfile la cabeza y el pecho del ave.

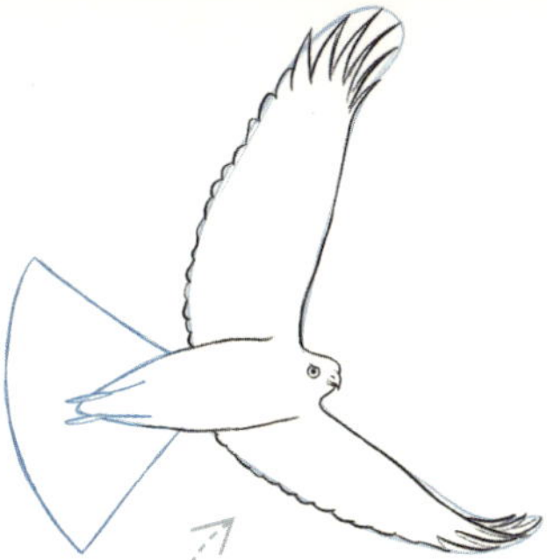

7 Dibuje las alas y añada plumas en las puntas.

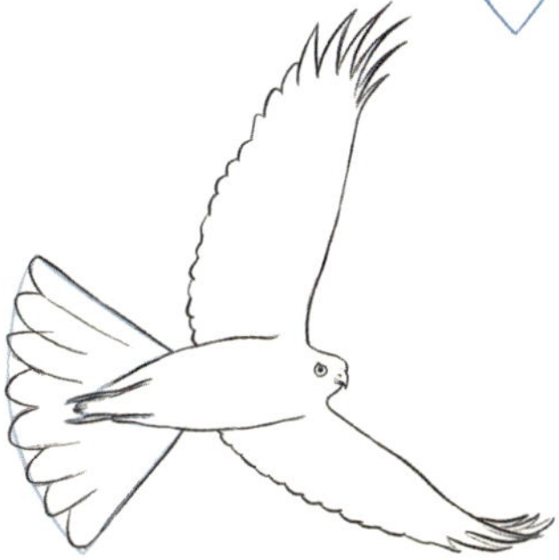

8 Dibuje la cola, las patas y las garras. Borre todas las guías.

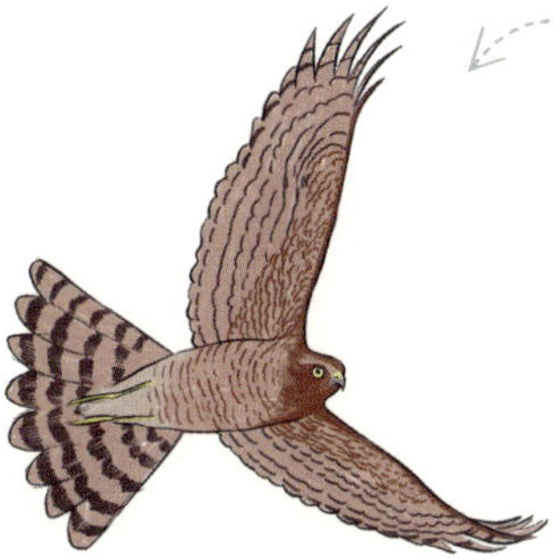

9 Use un color gris marrón para el color de base y un marrón más oscuro para las plumas pequeñas de las alas. Deje algunos reflejos blancos en las alas y el cuerpo. Añada unas franjas oscuras a la cola y coloree las patas y los ojos de un amarillo brillante.

10 Sombree con cuidado (debajo de las alas, en la parte posterior de la cabeza y detrás de las patas) para añadir relieve y volumen. Resalte los contornos con tinta o un lápiz negro.

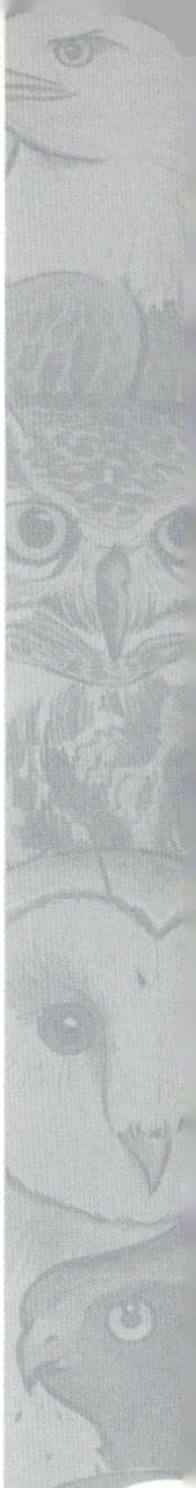

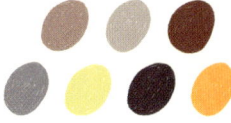

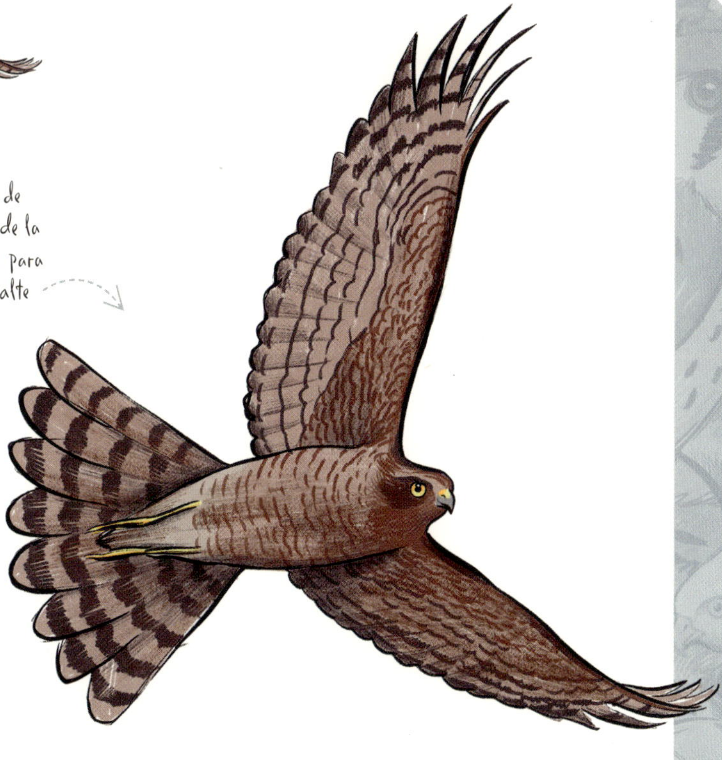

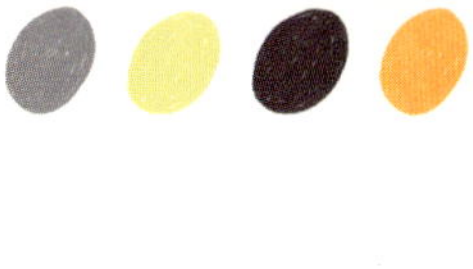

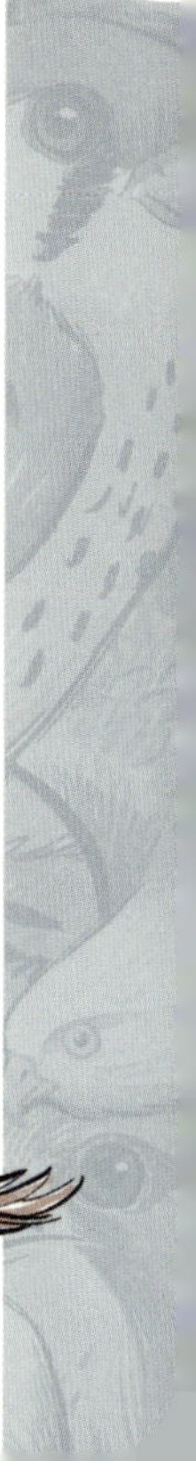

Aves rapaces
Águila real

Dibujar esta enorme y majestuosa ave es todo un reto. Dele una mirada penetrante, un pico poderoso y unas alas de gran tamaño.

1 Trace un óvalo como guía para la cabeza, una forma de U para el pico y un círculo pequeño para el ojo.

2 Agregue un óvalo alargado para el cuerpo.

3 Trace una forma grande y curvada para el ala izquierda extendida.

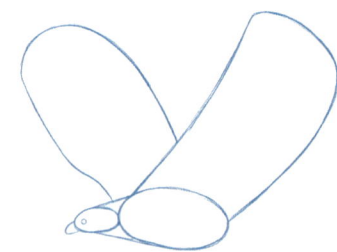

4 Dibuje dos líneas para el cuello y luego añada una forma para el ala derecha.

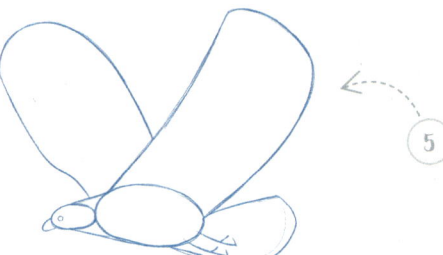

5 Trace una cola en forma de abanico y luego añada las patas.

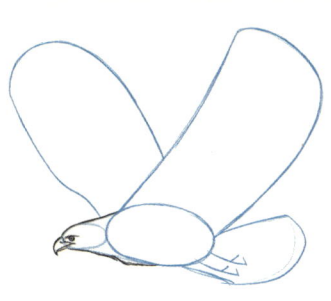

6 Con una pluma, dibuje un pico en forma de gancho, un ojo de mirada penetrante y una ceja bien marcada. Defina la cabeza y el pecho con unos trazos cortos.

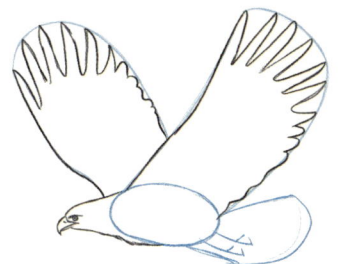

7 Borre las guías de la cabeza y dibuje las alas, definiendo las plumas primarias en las puntas.

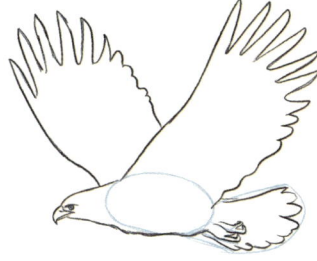

8 Dibuje las patas gruesas y luego haga la cola con un borde festoneado. Borre las guías que queden.

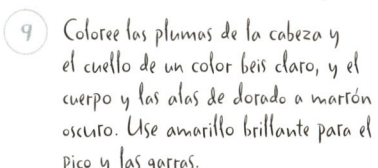

9 Coloree las plumas de la cabeza y el cuello de un color beis claro, y el cuerpo y las alas de dorado a marrón oscuro. Use amarillo brillante para el pico y las garras.

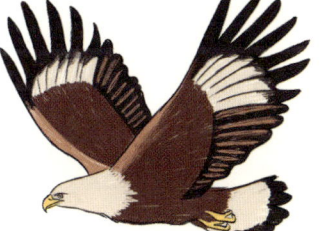

10 Añada algunas capas a las plumas de las alas y la cola para dar relieve a la figura. Sombree la parte inferior de las alas, el vientre y el cuello para dar volumen y añada unas sombras de color naranja en el pico y las patas.

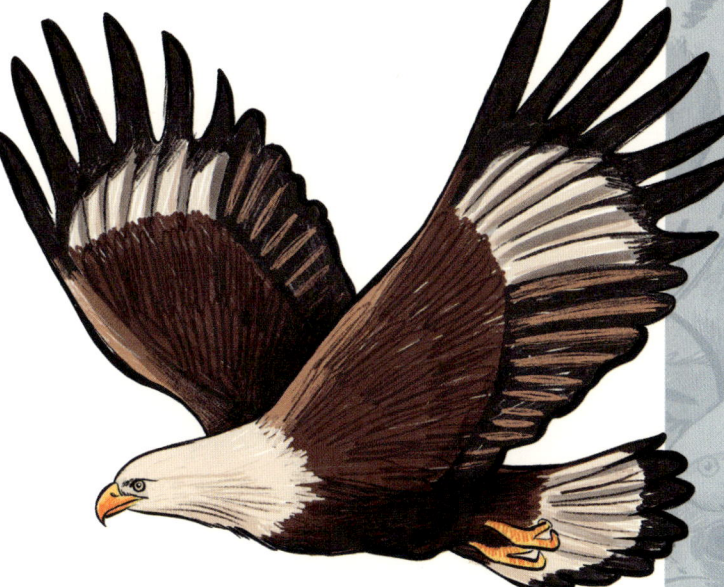

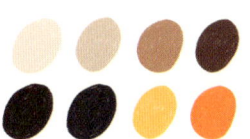

Milano real

Al dibujar el planeo de un milano real es importante reflejar bien su elegante figura. Haga las alas muy largas en comparación con la longitud del cuerpo.

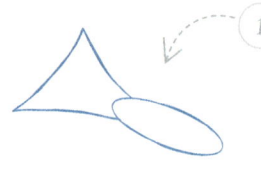

1 Empiece trazando una forma ovalada como guía para el cuerpo y una forma de cola bifurcada.

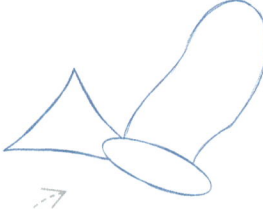

2 Añada una forma grande y ancha curvada para el ala izquierda.

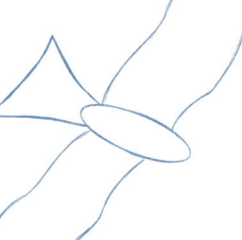

3 Trace la forma del ala derecha.

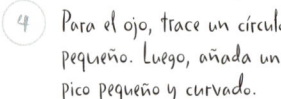

4 Para el ojo, trace un círculo pequeño. Luego, añada un pico pequeño y curvado.

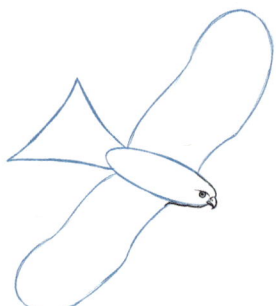

5 Con una pluma, dibuje el ojo y el pico en forma de gancho. Perfile la cabeza con trazos cortos.

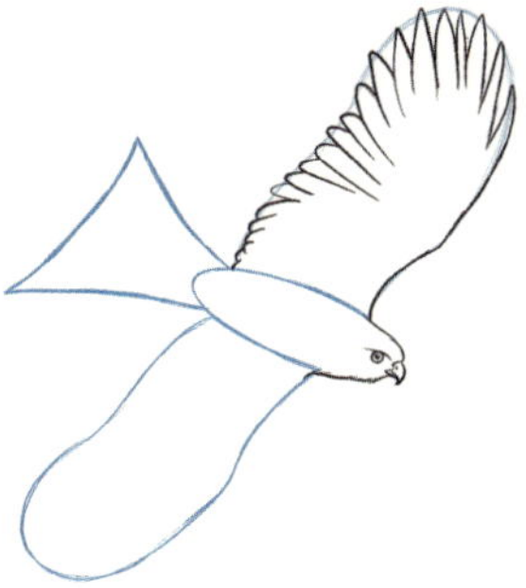

6 Dibuje el ala izquierda, mostrando las plumas primarias separadas en las puntas.

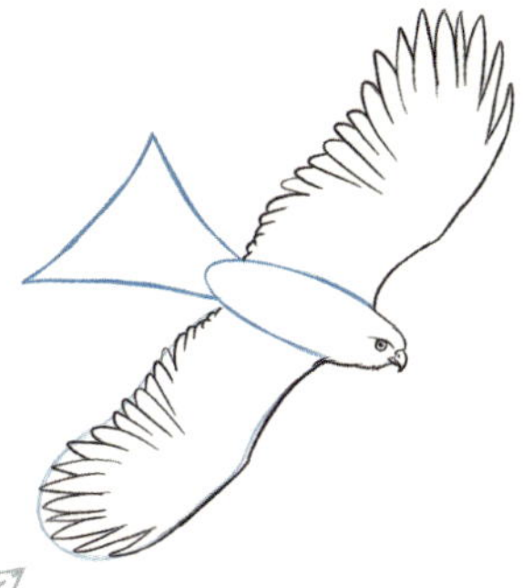

7 Repita este paso en el ala derecha. Borre guías.

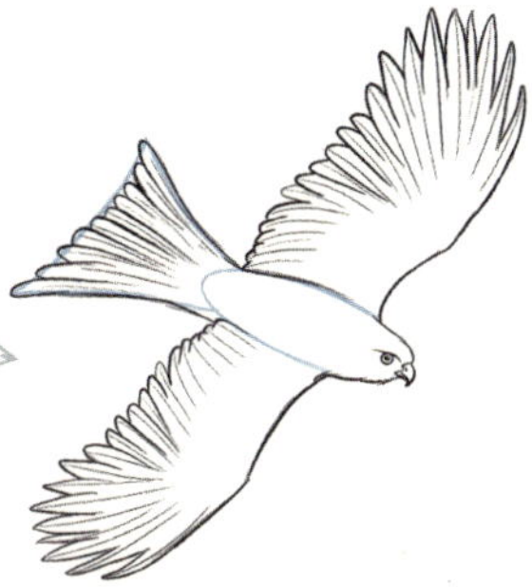

8 A continuación, dibuje la cola bifurcada y borre las guías restantes.

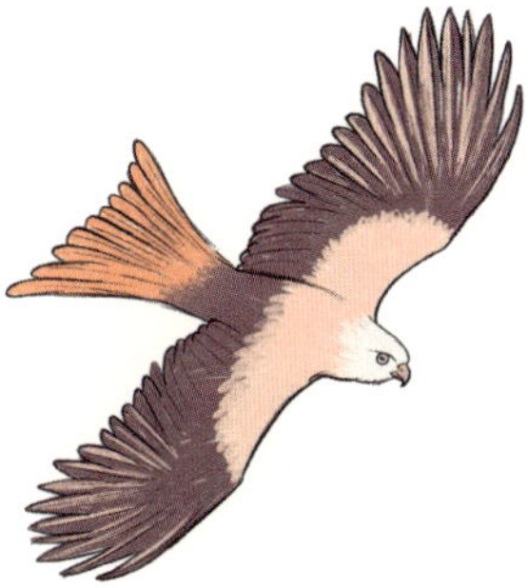

9 Coloree la cabeza de un gris pálido o color crema y añádale unas rayas finas. Use un tono beis para la parte superior del cuerpo y los hombros, un marrón rojizo para el cuerpo y las alas, y un rojo anaranjado para la cola. Coloree los ojos de amarillo y añada una pupila negra penetrante.

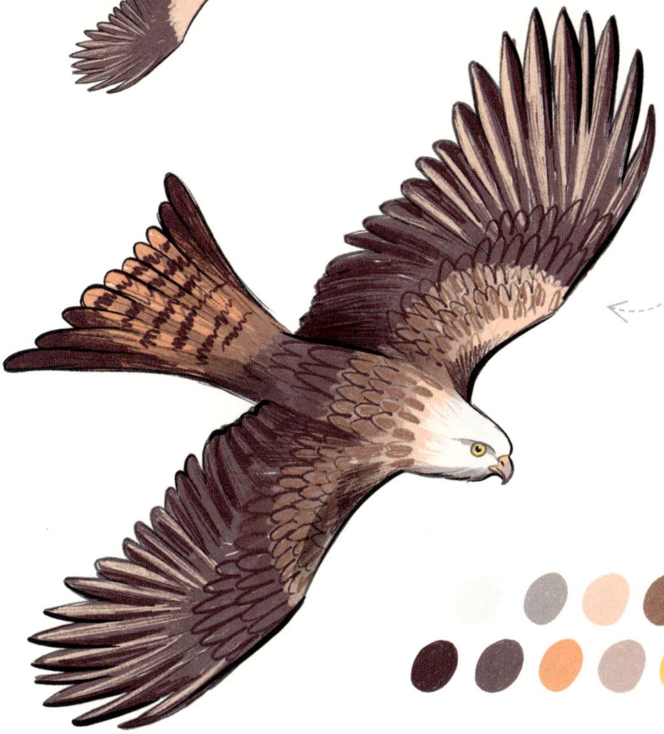

10 Añada plumas en todo el cuerpo mediante líneas cortas y curvas para sugerir que las plumas están dispuestas en capas. Añada unas sombras para darle volumen y, por último, resalte los contornos con tinta.

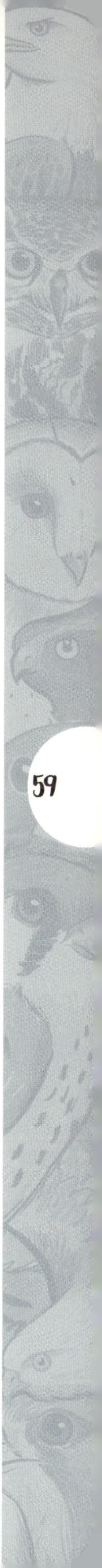

Aves rapaces
Lechuza común

La lechuza común tiene una cabeza grande y redonda y unos ojos expresivos. Dibuje las guías iniciales con cuidado para conseguir las proporciones correctas.

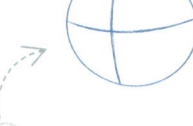

1. Dibuje un círculo grande y redondo como guía para la cabeza. Luego, esboce dos líneas guía para los rasgos faciales.

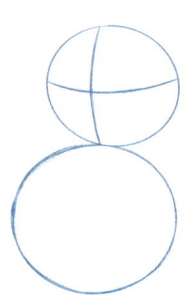

2. Dibuje un círculo ligeramente más grande para el cuerpo.

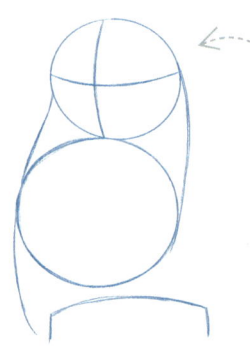

3. Dibuje dos líneas para dar forma al cuello. Continúe el contorno hacia la izquierda para dar forma a la cola. En la base de la figura, añada la forma de un tocón.

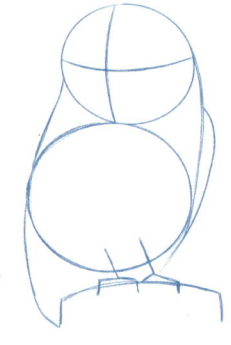

4. Esboce las patas y las garras, y trace una línea curva para el ala izquierda.

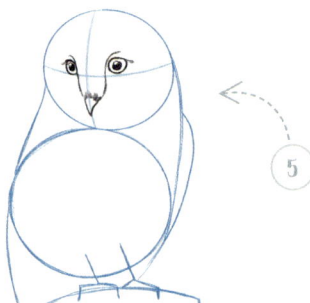

5. Con una pluma y tomando como referencia las líneas guía, dibuje el pico y los ojos; no olvide dejar un puntito blanco en su interior para el reflejo. Trace una forma de V para señalar el plumaje que cubre la parte superior del pico.

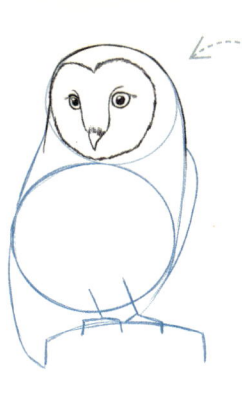

6 Dibuje la cara en forma de corazón usando el círculo principal y las líneas como guías.

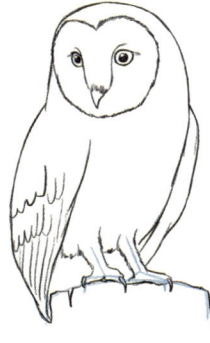

7 A continuación, dibuje el ala derecha y borre las guías de la cabeza.

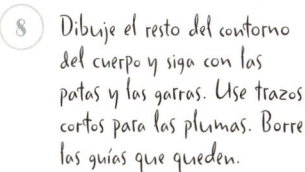

8 Dibuje el resto del contorno del cuerpo y siga con las patas y las garras. Use trazos cortos para las plumas. Borre las guías que queden.

9 Con trazos cortos, coloree la cara y el cuerpo de un blanco pálido o crema. Añada un tono marrón dorado a las alas y la cabeza. Use gris para los ojos y marrón claro para el tocón.

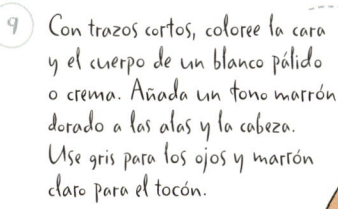

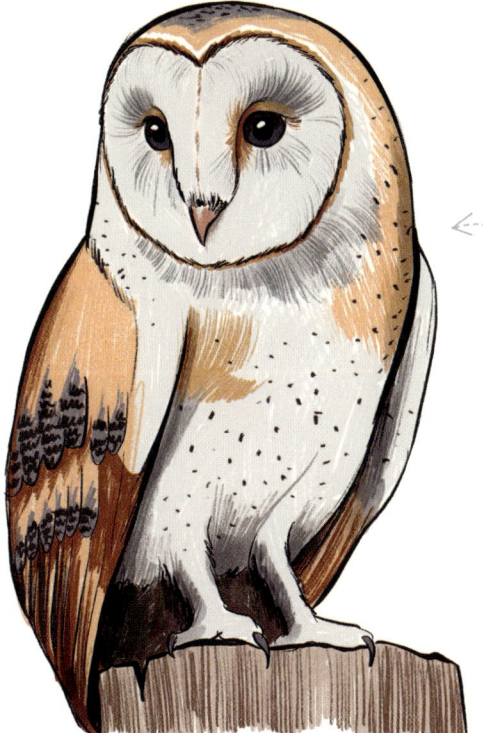

10 Para que la lechuza parezca más real, añada sombras encima de los ojos, debajo de la barbilla y en las alas y las curvas del cuerpo. Aplique unos toques de marrón y unos puntitos en el pecho y las alas. Por último, resalte el contorno con tinta negra.

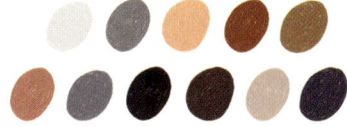

Aves rapaces
Búho cornudo

Los búhos cornudos tienen penachos en las orejas y patas con plumas,
así que asegúrese de acentuar estas características con trazos cortos
para conseguir un aspecto esponjoso.

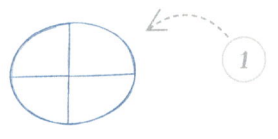

(1) Dibuje un círculo grande y
redondo como guía para la
cabeza. Luego, esboce dos líneas
guía para los rasgos faciales.

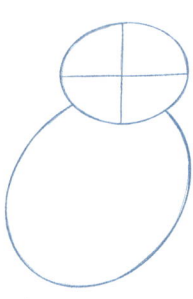

(2) Trace un óvalo
para el cuerpo.

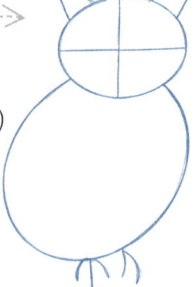

(3) Añada dos penachos
triangulares (los «cuernos»)
y esboce las patas.

62

(4) Trace el ala y la rama
sobre la que descansa
el búho.

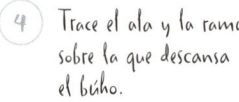

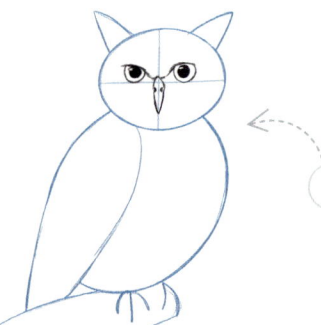

(5) Con una pluma, dibuje los ojos grandes
y expresivos, uno a cada lado de la línea
central; no olvide dejar un puntito blanco
en su interior para el reflejo. Añada el pico
pequeño y curvado en forma de gancho.

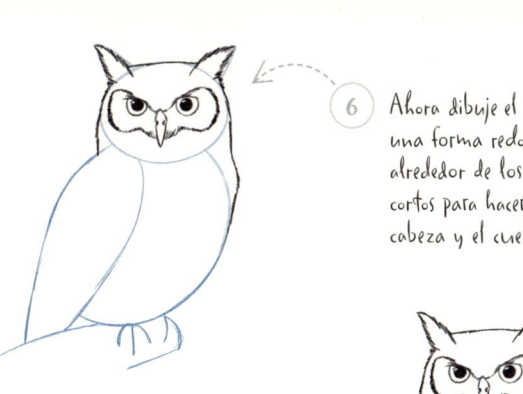

6 Ahora dibuje el disco facial, una forma redondeada u ovalada alrededor de los ojos. Use trazos cortos para hacer los cuernos, la cabeza y el cuello.

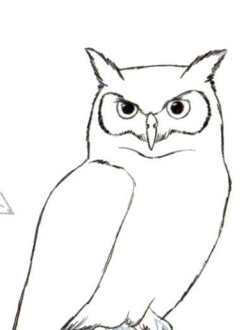

7 Dibuje el contorno del cuerpo y el ala con trazos cortos. Borre las guías de la cabeza.

8 Dibuje las patas y la rama. Borre las guías que queden.

9 Use trazos cortos para simular las plumas. Coloree los ojos de amarillo brillante. Use un tono beis claro para el color base del cuerpo y la cabeza. A continuación, añada unas manchas marrones y grises en el cuerpo. Pinte unas franjas marrones en el ala y aplique un gris oscuro en los penachos de las orejas.

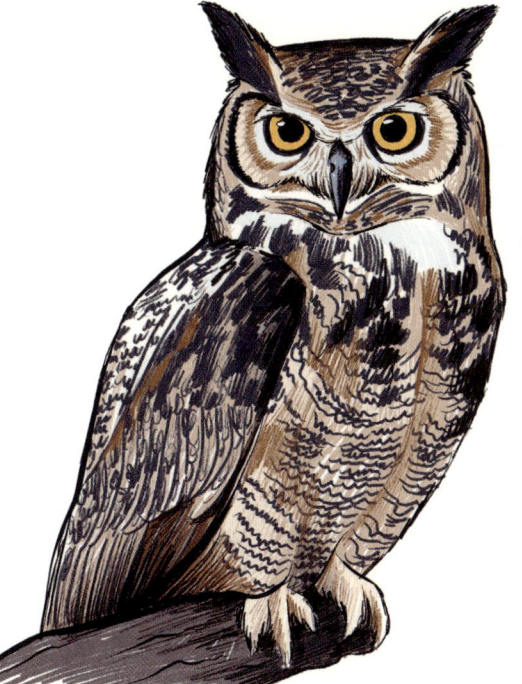

10 Añada unas leves sombras debajo del ala, en el vientre y alrededor de los ojos para darle relieve y volumen. Use tinta o un lápiz oscuro para repasar los contornos y resaltarlos.

Aves rapaces

Azor común

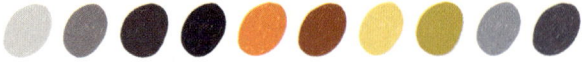

Sombree el arco superciliar del azor para darle un aspecto de ave depredadora. Puede exagerar ligeramente el pico en forma de gancho para conseguir un mayor efecto.

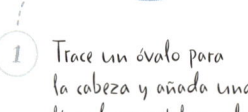

1 Trace un óvalo para la cabeza y añada una línea horizontal que lo atraviese.

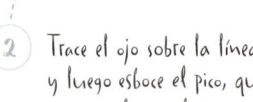

2 Trace el ojo sobre la línea y luego esboce el pico, que se curva hacia abajo.

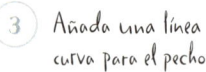

3 Añada una línea curva para el pecho.

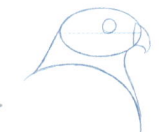

4 Dibuje dos líneas para dar forma al cuello.

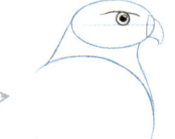

5 Con una pluma, dibuje el ojo y el arco superciliar.

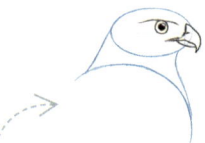

6 A continuación, dibuje el pico en forma de gancho.

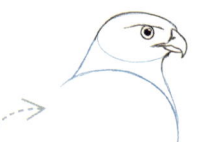

7 Perfile la cabeza.

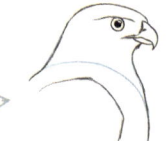

8 Dibuje el cuello musculoso y sugiera ligeramente el hombro. Borre todas las guías.

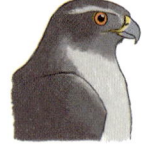

9 Coloree el azor usando tonos claros y medios de gris. Utilice el color naranja para el ojo y el gris azulado para el pico.

10 Para dar profundidad al dibujo, aplique sombras oscuras. Use trazos cortos para crear la textura de las plumas y añada algunas rayas finas en la cabeza y el cuello. Resalte el contorno con tinta.

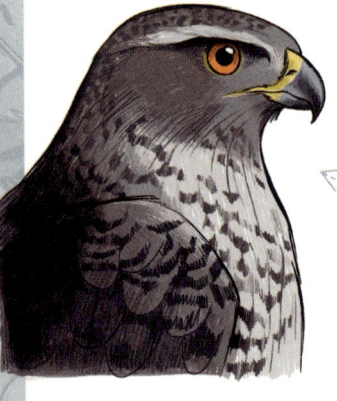

64

Halcón peregrino

Añada unos puntos blancos en los ojos del halcón para intensificar su mirada y dibuje la cabeza con líneas suaves.

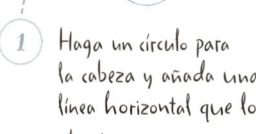

1 Haga un círculo para la cabeza y añada una línea horizontal que lo atraviese.

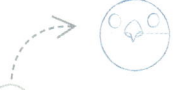

2 Dibuje los ojos y el pico.

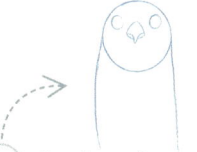

3 Añada dos líneas para el cuello y el pecho.

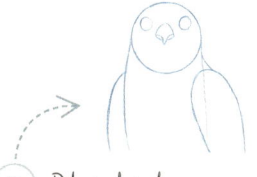

4 Dibuje las alas.

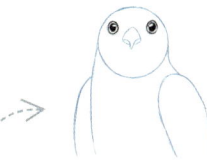

5 Con una pluma, dibuje los ojos y deje un puntito blanco para el reflejo.

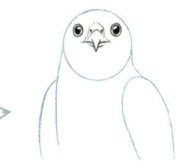

6 A continuación, dibuje el pico y la cera, una membrana carnosa que rodea la parte superior del mismo.

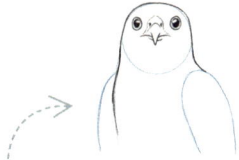

7 Perfile la cabeza y el cuello.

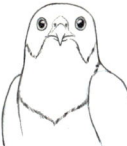

8 Use trazos cortos para añadir textura a las marcas que delimitan el cuello.

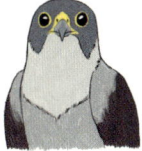

9 Coloree la cabeza de azul grisáceo oscuro. Utilice gris claro para el cuello y marrón para los ojos.

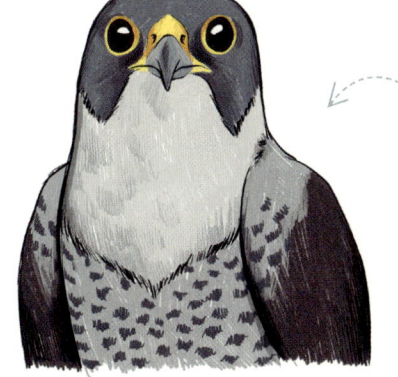

10 Añada puntos grises en el pecho y sombree la figura para darle relieve.

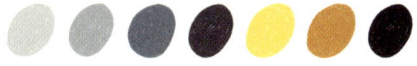

Águila calva

La clave para dibujar un águila calva es el contraste: la cabeza blanca, que se diferencia claramente del cuerpo oscuro, es su característica principal.

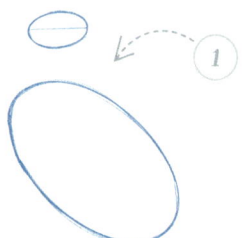

1 Trace una forma ovalada para la cabeza, con una línea horizontal tenue. A continuación, esboce un óvalo para el cuerpo.

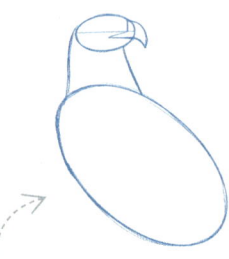

2 Añada el pico curvado y dibuje dos líneas para el cuello.

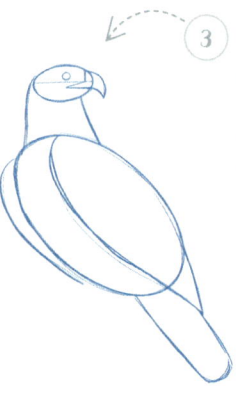

3 Trace un círculo pequeño para el ojo. Esboce la forma del ala izquierda, una línea curva para el ala derecha y un rectángulo para la cola.

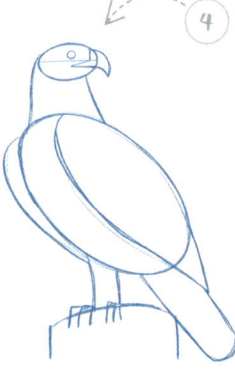

4 Esboce las patas del águila y el tronco del árbol.

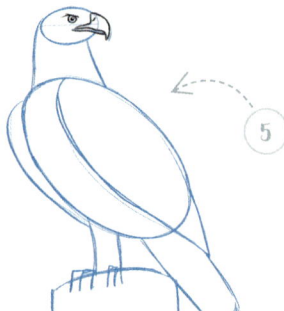

5 Con una pluma, dibuje el ojo. Añada un arco superciliar para darle al águila un aspecto más fiero. A continuación, dibuje el pico y el orificio nasal.

66

6 Dibuje el ala izquierda plegada y trace líneas curvas para representar las plumas superpuestas. Haga los contornos de la cabeza y el cuello.

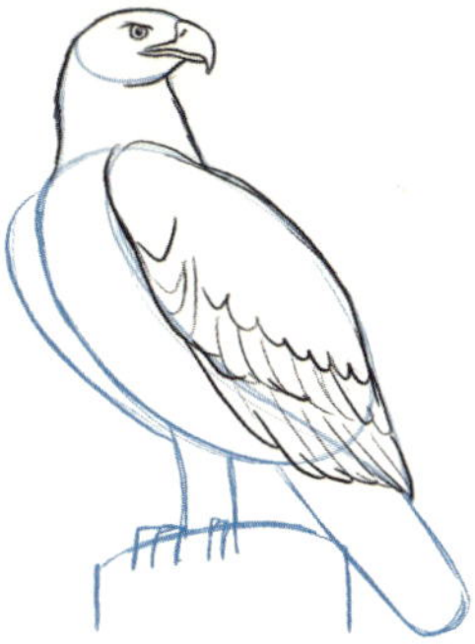

7 Trace el pecho y las patas, y luego dibuje un tocón ancho y desigual. Borre algunas guías.

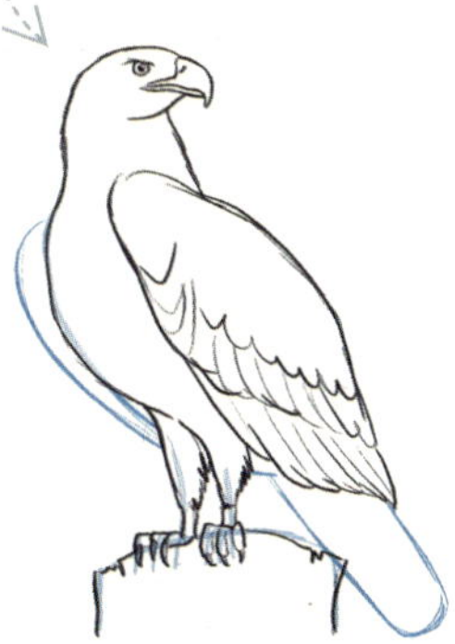

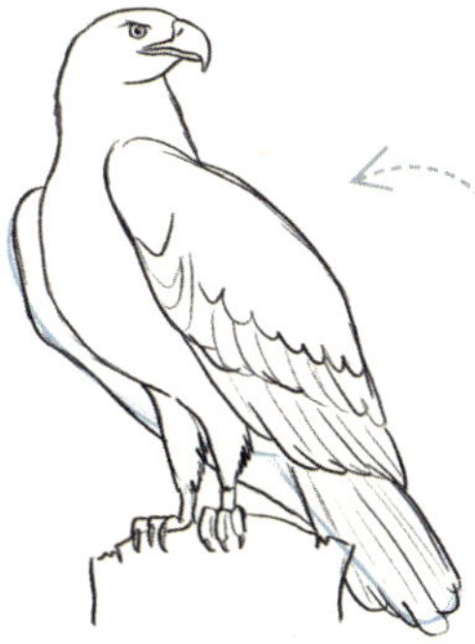

8 Dibuje el ala derecha y añada las plumas de la cola. Borre las guías que queden.

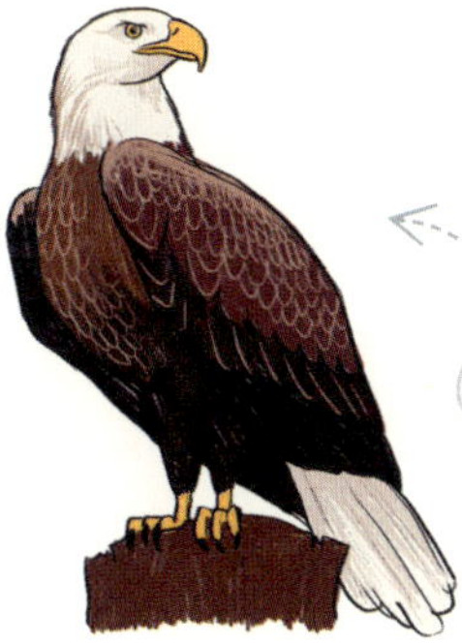

9 Use blanco o beis claro para colorear la cabeza y la cola, y amarillo para el ojo, el pico y las patas. Elija tonos marrones para las alas y el pecho; la parte inferior de ambos debe ser más oscura. Con un marrón más claro, trace los contornos de las plumas.

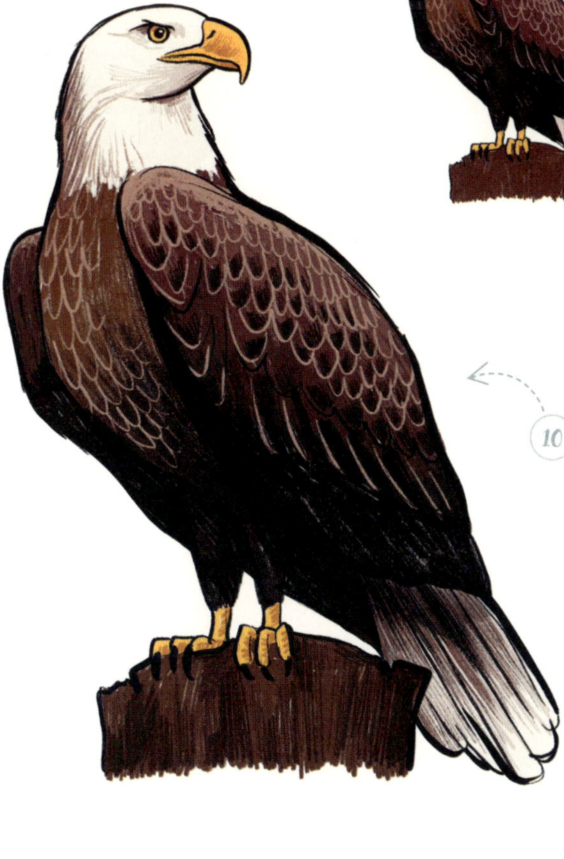

10 Aplique algunas sombras debajo de las alas y el cuerpo para darle volumen y profundidad. Use una pluma de tinta negra para resaltar el contorno.

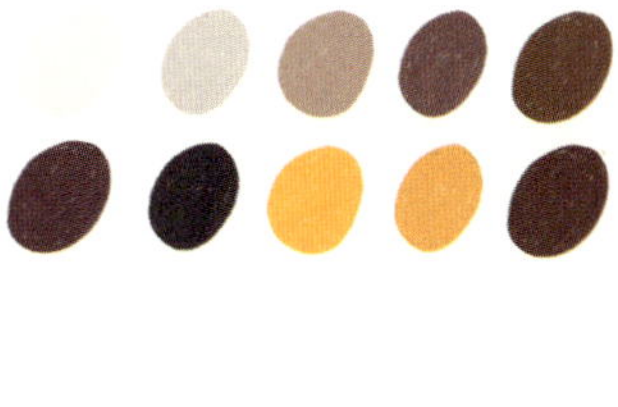

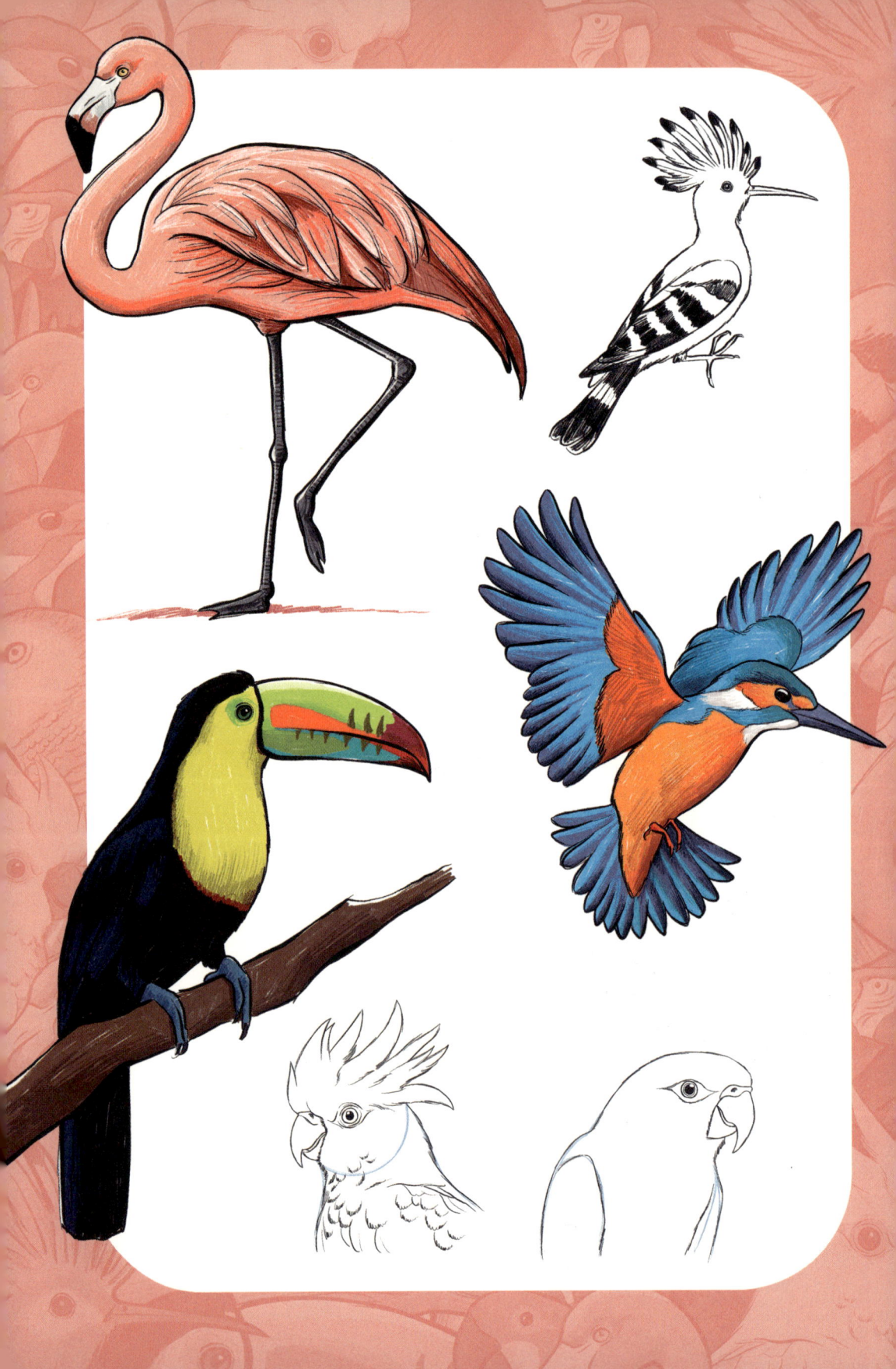

Aves tropicales y exóticas

Aves tropicales y exóticas
Loro arcoíris

Este loro extraordinariamente colorido pondrá a prueba sus habilidades para sombrear. Coloree con cuidado para conseguir profundidad y textura.

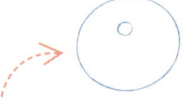

1 Trace un círculo para la cabeza y otro mucho más pequeño para el ojo.

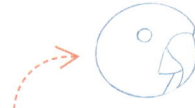

2 Esboce el pico en forma de gancho dentro del círculo de la cabeza.

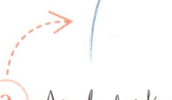

3 Añada dos líneas para hacer el cuerpo del loro.

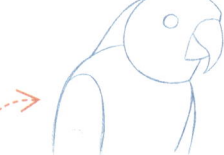

4 Añada líneas para dar forma al cuello y a las alas.

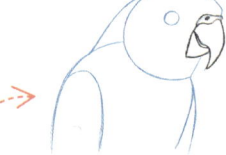

5 Con una pluma, dibuje los detalles del pico.

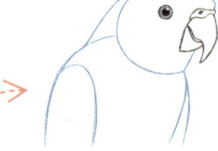

6 Dibuje el ojo y deje un reflejo blanco en su interior.

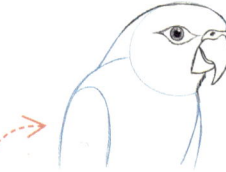

7 Dibuje un contorno alrededor de la cabeza y del ojo.

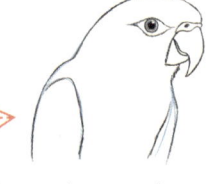

8 Termine de dibujar el contorno. Borre las guías.

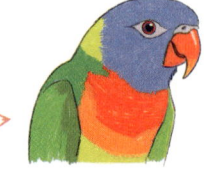

9 Añada colores tal como se muestra. Use azul cobalto para la cabeza.

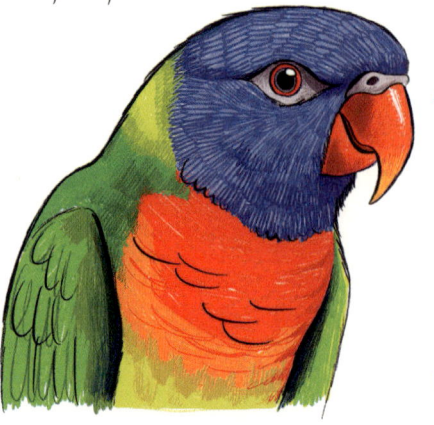

10 Oscurezca algunas partes de la cabeza y añada formas de plumas azules. Repase los contornos con un lápiz negro.

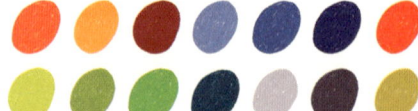

70

Guacamayo escarlata

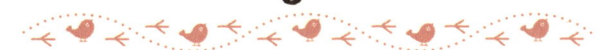

Este atractivo guacamayo tiene una característica mancha blanca alrededor de los ojos. Trate de resaltar la forma de gancho del pico.

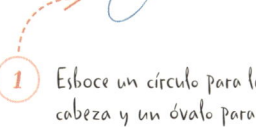

1 Esboce un círculo para la cabeza y un óvalo para el cuerpo.

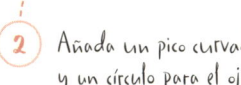

2 Añada un pico curvado y un círculo para el ojo.

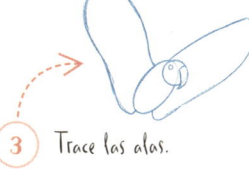

3 Trace las alas.

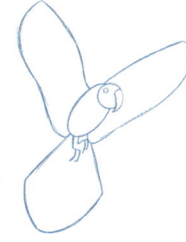

4 Haga la cola en forma de abanico y las patas.

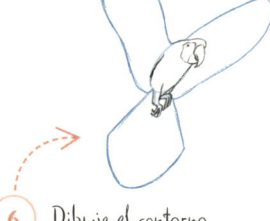

5 Con una pluma, dibuje el ojo y el pico, y delimite una zona alrededor del ojo.

6 Dibuje el contorno del cuerpo, las patas y las garras.

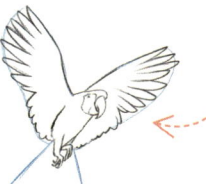

7 A continuación, dibuje las alas; las plumas de los extremos son largas.

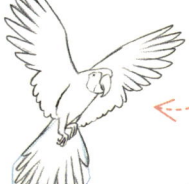

8 Dibuje las plumas de la cola.

9 Añada color como se muestra aquí y deje en blanco la parte que rodea los ojos. Use escarlata para el cuerpo y las alas, y naranja y azul para los extremos de las alas.

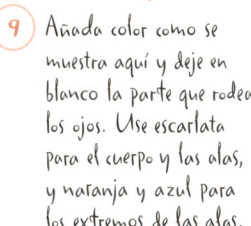

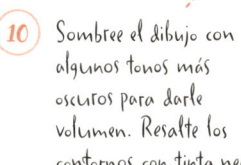

10 Sombree el dibujo con algunos tonos más oscuros para darle volumen. Resalte los contornos con tinta negra.

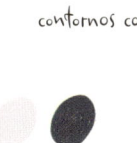

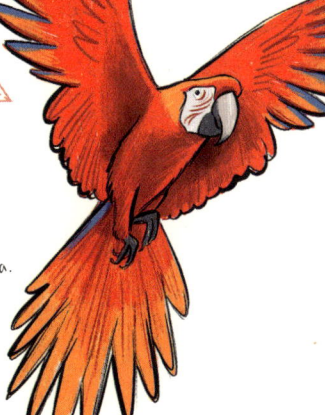

Aves tropicales y exóticas
Tucán

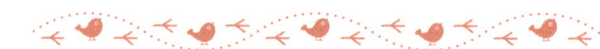

La principal característica del tucán es su enorme y colorido pico.
Asegúrese de que su posición sea la correcta en relación con la cabeza.

① Para la cabeza del tucán,
trace un círculo como
guía. Para el pico, añada
un arco grande en posición
horizontal.

② Esboce el cuerpo
con un círculo.

③ Trace dos líneas para
dar forma al cuello y, a
continuación, añada una
U en la base del cuerpo.

④ Esboce las patas y la rama en la que
descansa el tucán. Luego, trace una
guía para la cola.

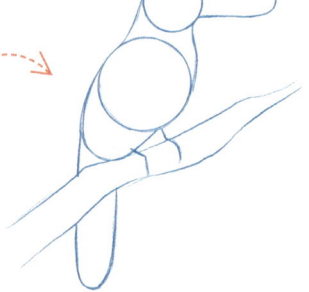

⑤ Con una pluma, dibuje el ojo y el pico,
que termina con la punta hacia abajo.
Perfile la parte superior de la cabeza.

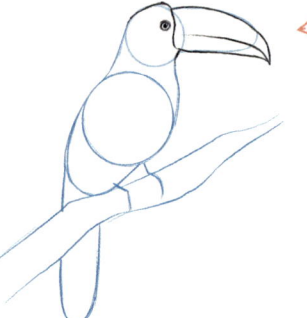

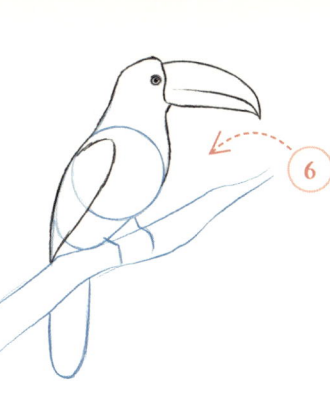

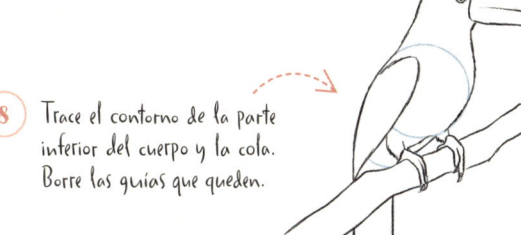

6 Ahora, dibuje la espalda, el pecho y el ala con trazos cortos para que parezcan plumas. Borre algunas de las guías.

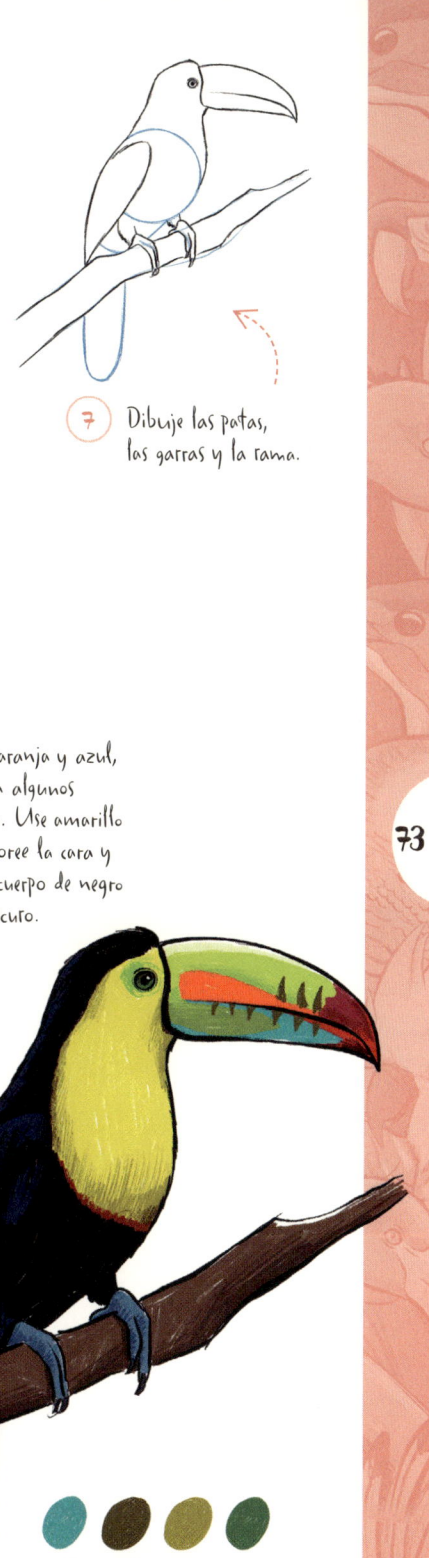

7 Dibuje las patas, las garras y la rama.

8 Trace el contorno de la parte inferior del cuerpo y la cola. Borre las guías que queden.

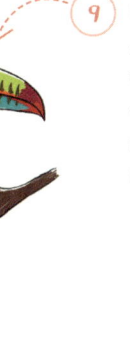

9 Coloree el pico de rojo, verde, naranja y azul, como se muestra aquí, y añada algunos triángulos de color verde oscuro. Use amarillo verdoso alrededor del ojo y coloree la cara y el pecho de amarillo. Pinte el cuerpo de negro y añada reflejos con el azul oscuro.

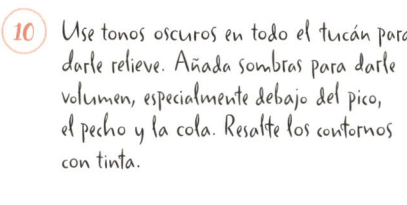

10 Use tonos oscuros en todo el tucán para darle relieve. Añada sombras para darle volumen, especialmente debajo del pico, el pecho y la cola. Resalte los contornos con tinta.

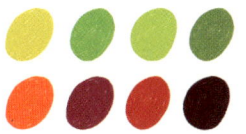

Aves tropicales y exóticas
Cacatúa

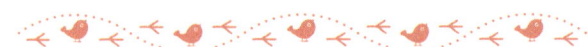

Las cacatúas tienen unos ojos muy expresivos. Añada muchas líneas pequeñas y discontinuas alrededor del ojo para darle vida.

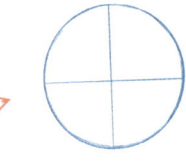

1 Empiece trazando un círculo para la cabeza, con dos líneas guía en su interior.

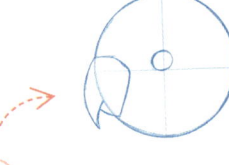

2 Esboce el ojo de la cacatúa y su pico curvado.

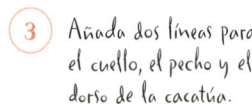

3 Añada dos líneas para el cuello, el pecho y el dorso de la cacatúa.

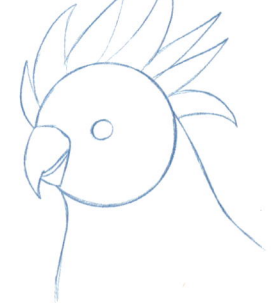

4 Ahora, haga unos trazos largos y ligeramente curvados; son las formas guía para las plumas de la cresta.

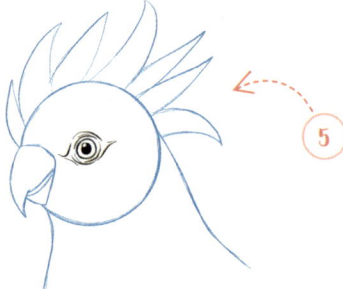

5 Con una pluma, añada los detalles del ojo y deje un pequeño punto blanco en su interior para el reflejo.

74

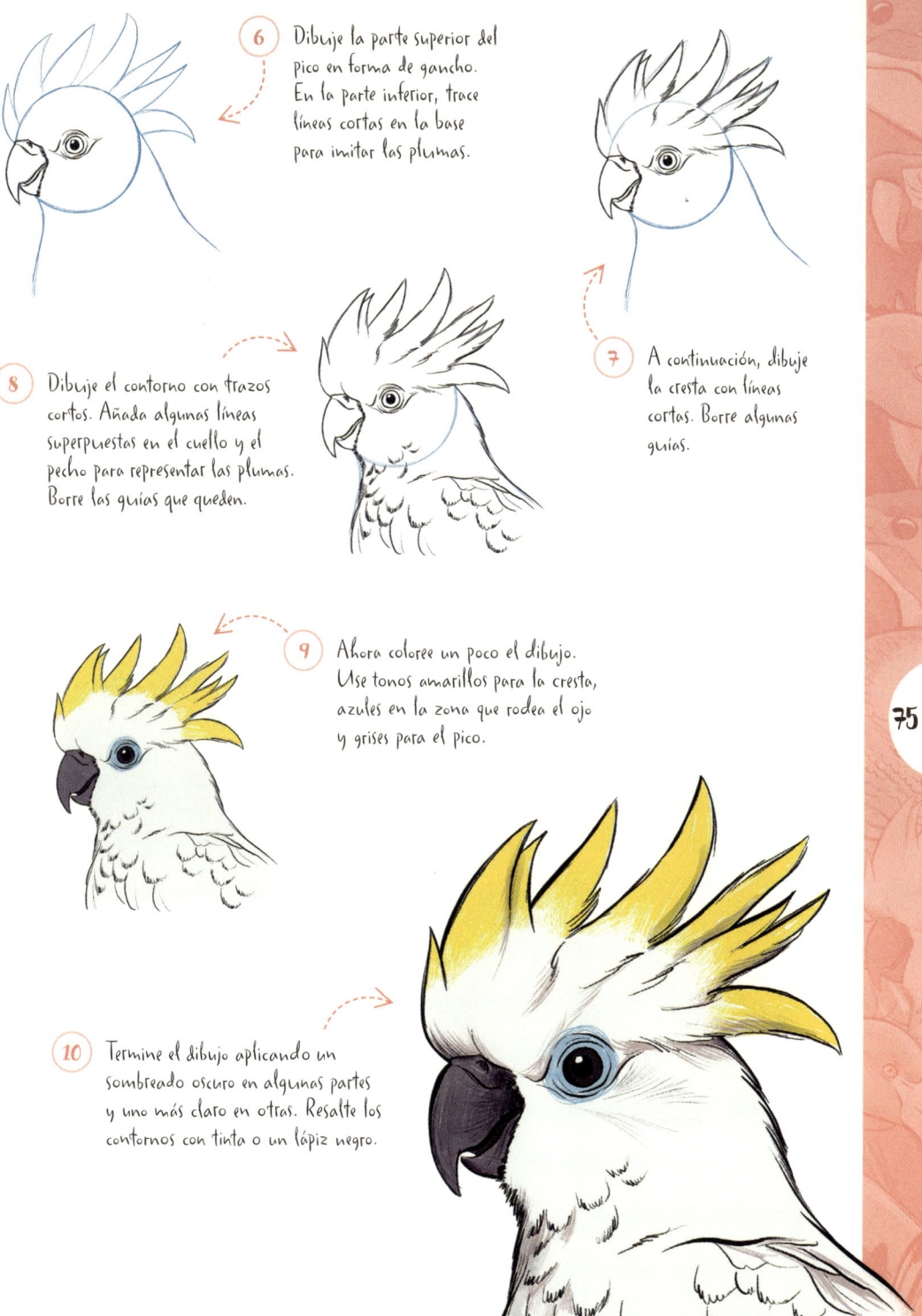

6 Dibuje la parte superior del pico en forma de gancho. En la parte inferior, trace líneas cortas en la base para imitar las plumas.

7 A continuación, dibuje la cresta con líneas cortas. Borre algunas guías.

8 Dibuje el contorno con trazos cortos. Añada algunas líneas superpuestas en el cuello y el pecho para representar las plumas. Borre las guías que queden.

9 Ahora coloree un poco el dibujo. Use tonos amarillos para la cresta, azules en la zona que rodea el ojo y grises para el pico.

10 Termine el dibujo aplicando un sombreado oscuro en algunas partes y uno más claro en otras. Resalte los contornos con tinta o un lápiz negro.

75

Aves tropicales y exóticas
Quetzal

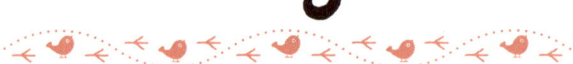

Los quetzales son conocidos por sus colores vivos y por las largas plumas de su cola. Use un lápiz fluorescente para representar las plumas iridiscentes.

1 Dibuje un óvalo como guía para el cuerpo y un círculo pequeño para la cabeza.

2 Esboce dos formas triangulares largas y ligeramente curvadas para las alas del quetzal.

3 A continuación, trace una forma rectangular larga como guía para la cola.

4 Añada el ojo, el pico y las patas.

5 Con una pluma, dibuje el ojo y el pico. Luego, haga el contorno de la cabeza con trazos cortos.

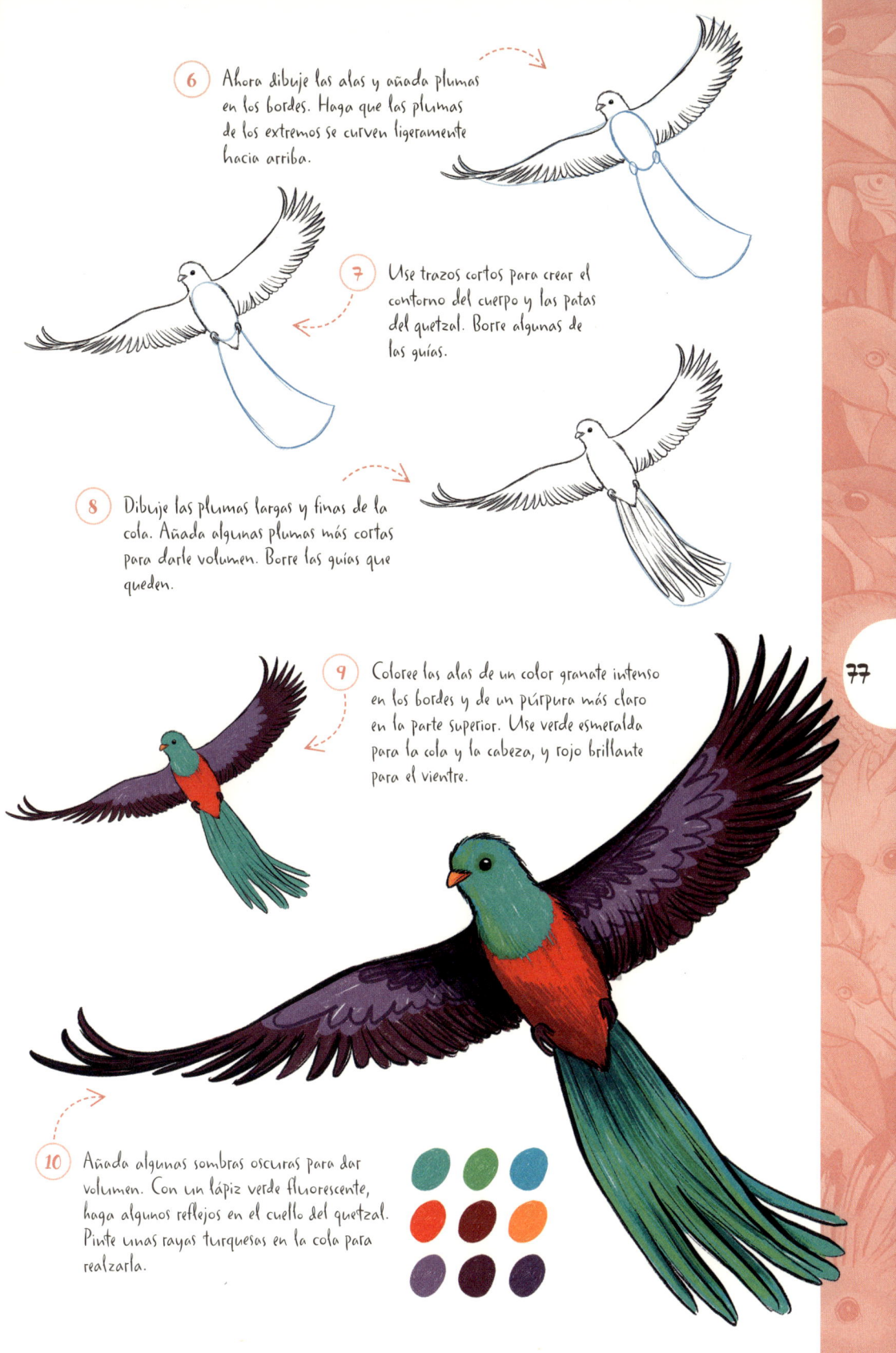

6 Ahora dibuje las alas y añada plumas en los bordes. Haga que las plumas de los extremos se curven ligeramente hacia arriba.

7 Use trazos cortos para crear el contorno del cuerpo y las patas del quetzal. Borre algunas de las guías.

8 Dibuje las plumas largas y finas de la cola. Añada algunas plumas más cortas para darle volumen. Borre las guías que queden.

9 Coloree las alas de un color granate intenso en los bordes y de un púrpura más claro en la parte superior. Use verde esmeralda para la cola y la cabeza, y rojo brillante para el vientre.

10 Añada algunas sombras oscuras para dar volumen. Con un lápiz verde fluorescente, haga algunos reflejos en el cuello del quetzal. Pinte unas rayas turquesas en la cola para realzarla.

Flamenco

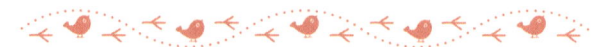

Lo divertido de dibujar al elegante flamenco con sus largas patas
es usar muchas tonalidades de rosa para colorear el cuerpo.

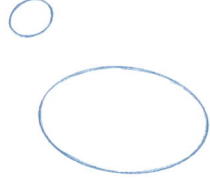

1 Dibuje un óvalo grande
como guía para el cuerpo
del flamenco y un círculo
pequeño para la cabeza.

2 Esboce una línea
en forma de S para
el cuello.

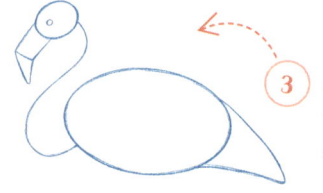

3 Añada el pico curvado del
flamenco en dos secciones.
A continuación, trace la cola.

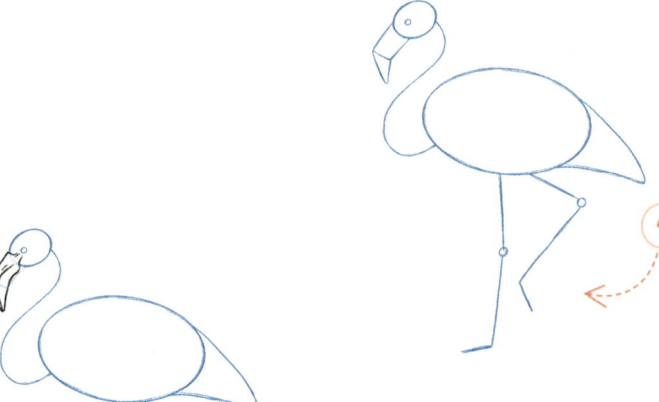

4 Ahora dibuje las
patas; una de ellas
debe estar doblada.

5 Con una pluma, dibuje el pico grande
y curvado del flamenco. Trace una
línea en el centro para la boca.

78

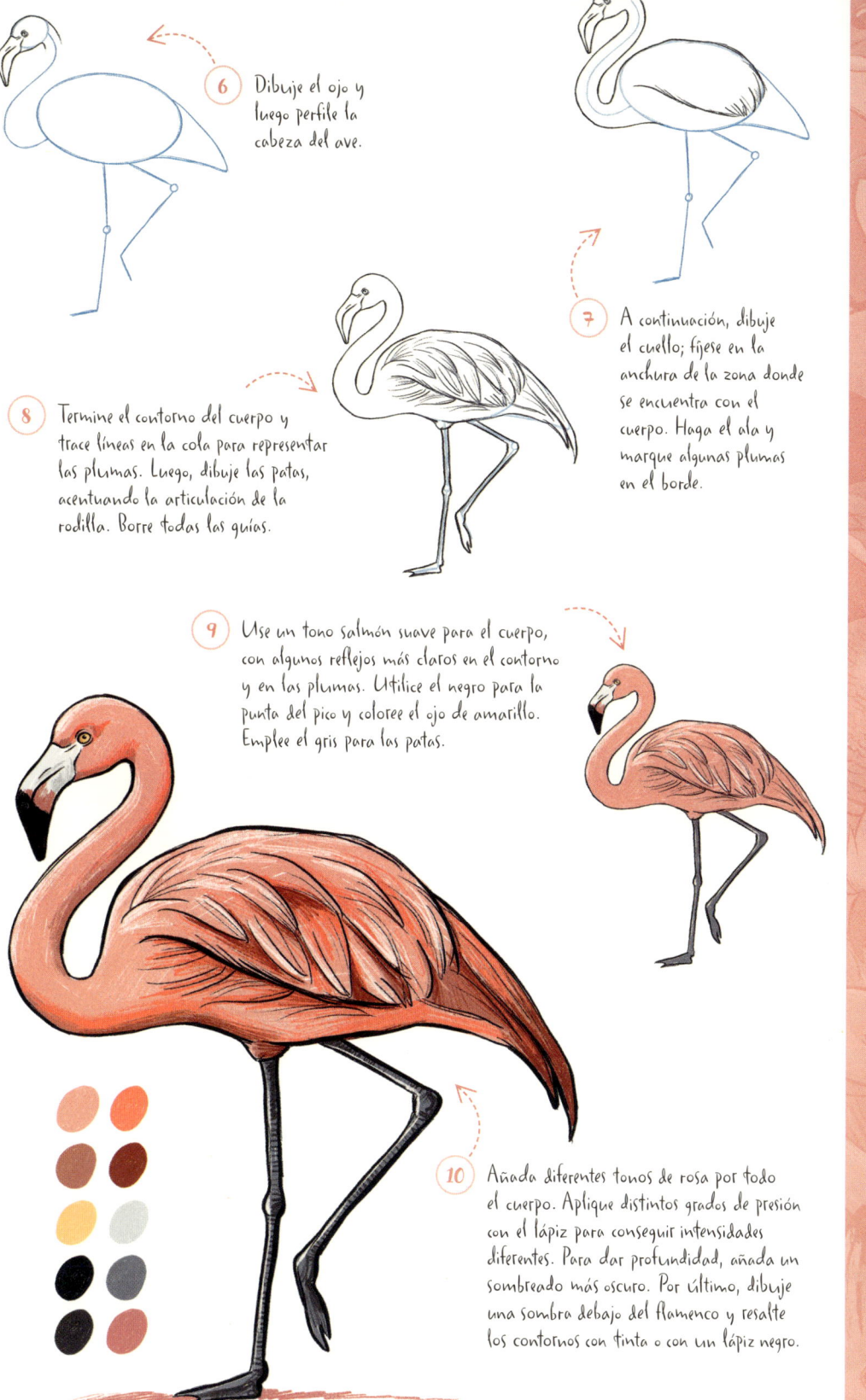

6 Dibuje el ojo y luego perfile la cabeza del ave.

7 A continuación, dibuje el cuello; fíjese en la anchura de la zona donde se encuentra con el cuerpo. Haga el ala y marque algunas plumas en el borde.

8 Termine el contorno del cuerpo y trace líneas en la cola para representar las plumas. Luego, dibuje las patas, acentuando la articulación de la rodilla. Borre todas las guías.

9 Use un tono salmón suave para el cuerpo, con algunos reflejos más claros en el contorno y en las plumas. Utilice el negro para la punta del pico y coloree el ojo de amarillo. Emplee el gris para las patas.

10 Añada diferentes tonos de rosa por todo el cuerpo. Aplique distintos grados de presión con el lápiz para conseguir intensidades diferentes. Para dar profundidad, añada un sombreado más oscuro. Por último, dibuje una sombra debajo del flamenco y resalte los contornos con tinta o con un lápiz negro.

Loro yaco

Para conseguir el sombreado correcto del loro yaco, gradúe los grises del cuerpo de manera que se oscurezcan hacia la cola, que es de un rojo brillante.

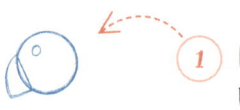

1 Haga un círculo como guía para la cabeza del loro. Luego, añada el pico y el ojo.

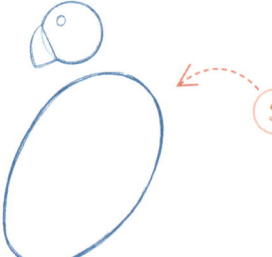

2 Dibuje una forma ovalada grande para el cuerpo.

80

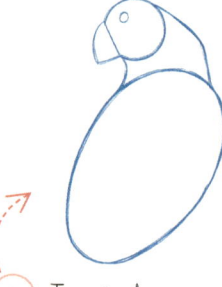

3 Trace dos líneas curvas para el cuello.

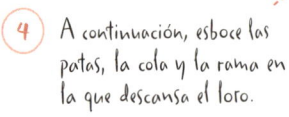 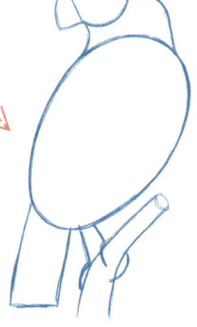

4 A continuación, esboce las patas, la cola y la rama en la que descansa el loro.

5 Con una pluma, dibuje los detalles del ojo y el pico curvado.

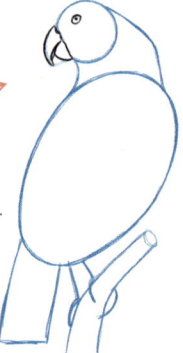

6 Ahora, dibuje el contorno de la cabeza y el cuello mediante trazos cortos para que parezcan plumas.

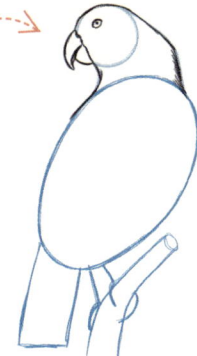

7 Haga las alas largas y curvas, y dibuje el ala derecha de modo que se superponga sobre la cola. Borre algunas guías.

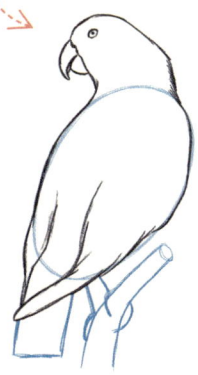

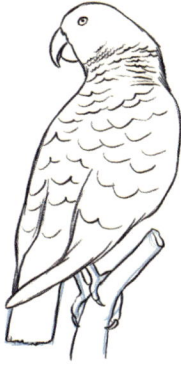

8 Dibuje la cola y las patas aferradas a la rama. Luego, añada algunas líneas suaves y superpuestas, similares a las escamas de un pez, para las plumas.

9 Coloree el cuerpo en tonos azul grisáceos y oscurezca progresivamente la parte inferior. Use un marrón suave para el pico y las patas, un gris pálido para la cara y un amarillo tenue para el ojo. Coloree la cola de un rojo brillante.

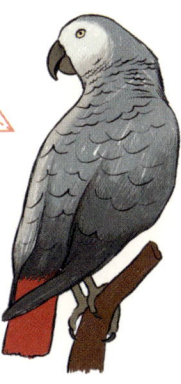

10 Utilice un sombreado suave para dar volumen y textura, y oscurezca las zonas en sombra. Resalte los contornos con tinta o con un lápiz negro.

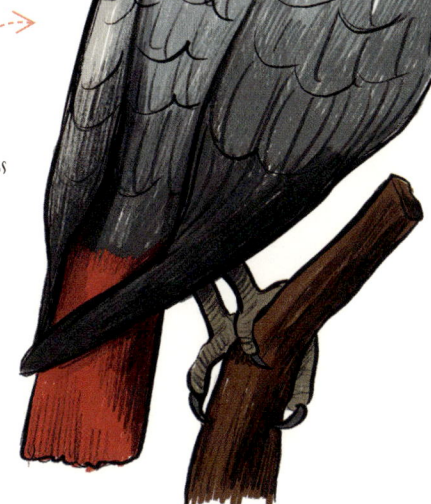

Martín pescador

El martín pescador, con su plumaje colorido y su pico largo y afilado, es un ave perfecta para obtener un resultado espectacular.

1 Trace un óvalo como guía para la cabeza y añada un pico largo y afilado.

2 A continuación, esboce un óvalo para el cuerpo del martín pescador.

3 Prolongue la forma del cuerpo y añada una cola en forma de abanico.

4 Trace dos formas grandes como guías para las alas.

5 Con una pluma, dibuje el ojo y el pico.

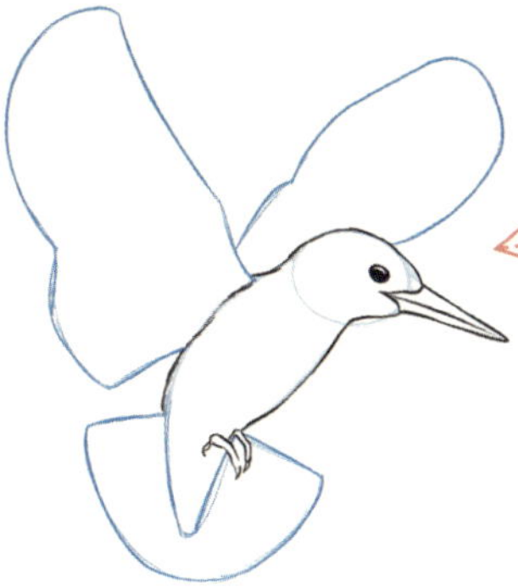

6 Perfile la cabeza y el cuerpo con trazos cortos y dibuje las patas.

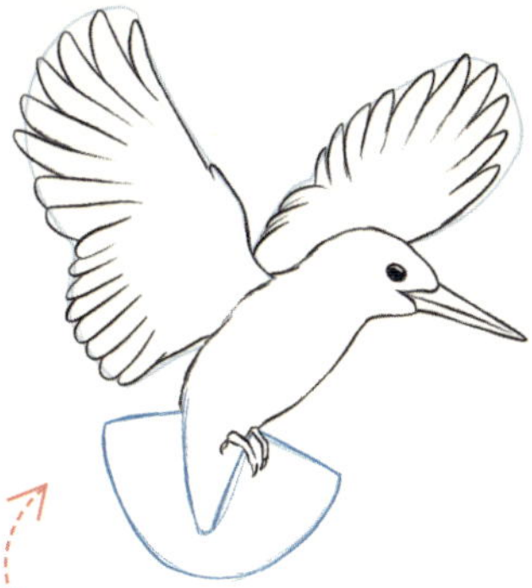

7 Dibuje las alas superponiendo plumas largas en capas. Borre algunas guías.

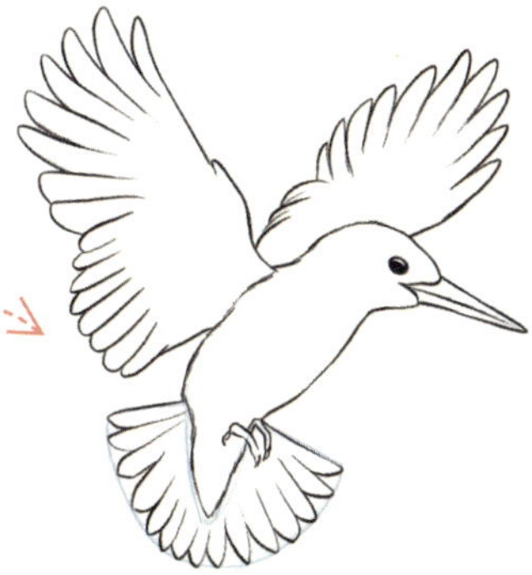

8 Dibuje la cola y añada las plumas dispuestas en forma de abanico.

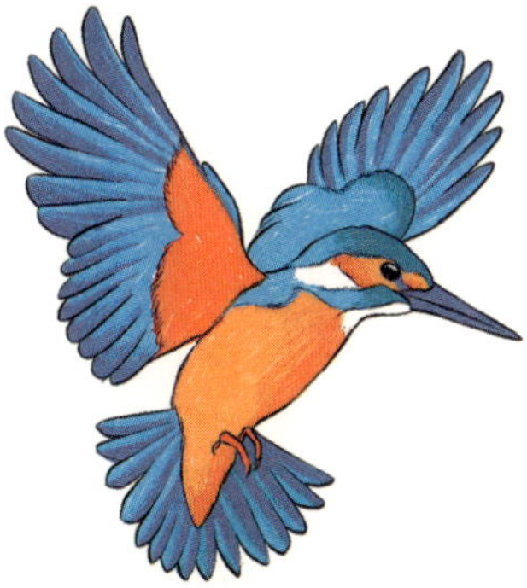

9 Use azul vivo o turquesa para colorear la cabeza, el dorso y las alas, y añada un poco de azul más oscuro para darle volumen. Coloree el pecho y el vientre con naranja brillante. Pinte los ojos de negro y deje un puntito blanco en su interior para el reflejo.

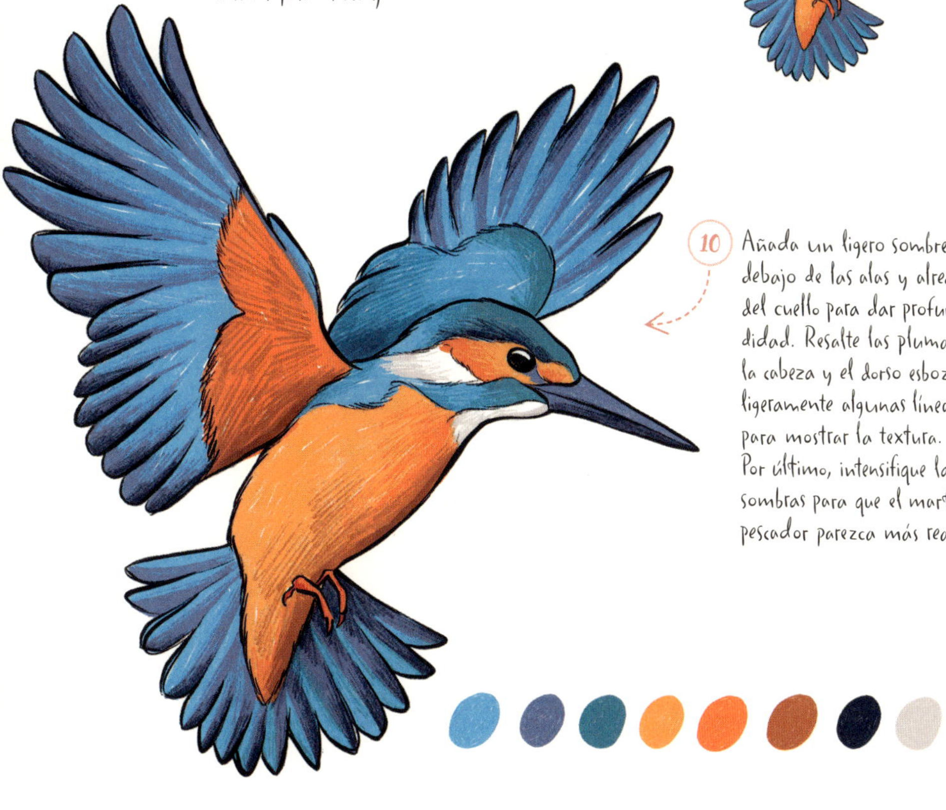

10 Añada un ligero sombreado debajo de las alas y alrededor del cuello para dar profundidad. Resalte las plumas de la cabeza y el dorso esbozando ligeramente algunas líneas para mostrar la textura. Por último, intensifique las sombras para que el martín pescador parezca más real.

Abubilla

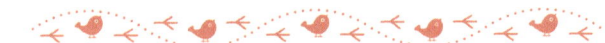

La característica más distintiva de la abubilla es su magnífica cresta en forma de corona. Preste atención a los detalles de este rasgo distintivo para conseguir un aspecto más real.

1 Trace un círculo como guía para la cabeza y un círculo más pequeño para el ojo. Dibuje un pico largo y delgado.

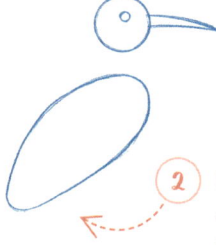

2 Esboce una forma ovalada alargada para el cuerpo.

3 Trace dos líneas curvas para dar forma al cuello y añada un rectángulo estrecho similar a un abanico para la cola.

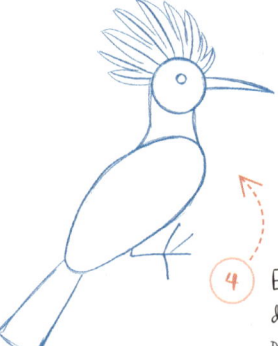

4 Esboce una pata delgada y haga las plumas de la cresta con una línea en el centro de cada una de ellas.

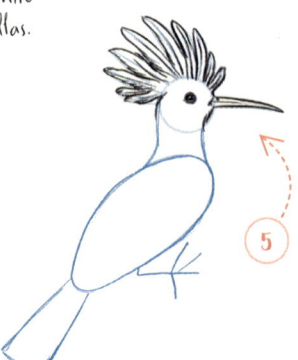

5 Con una pluma, dibuje el ojo, el pico y la cresta.

84

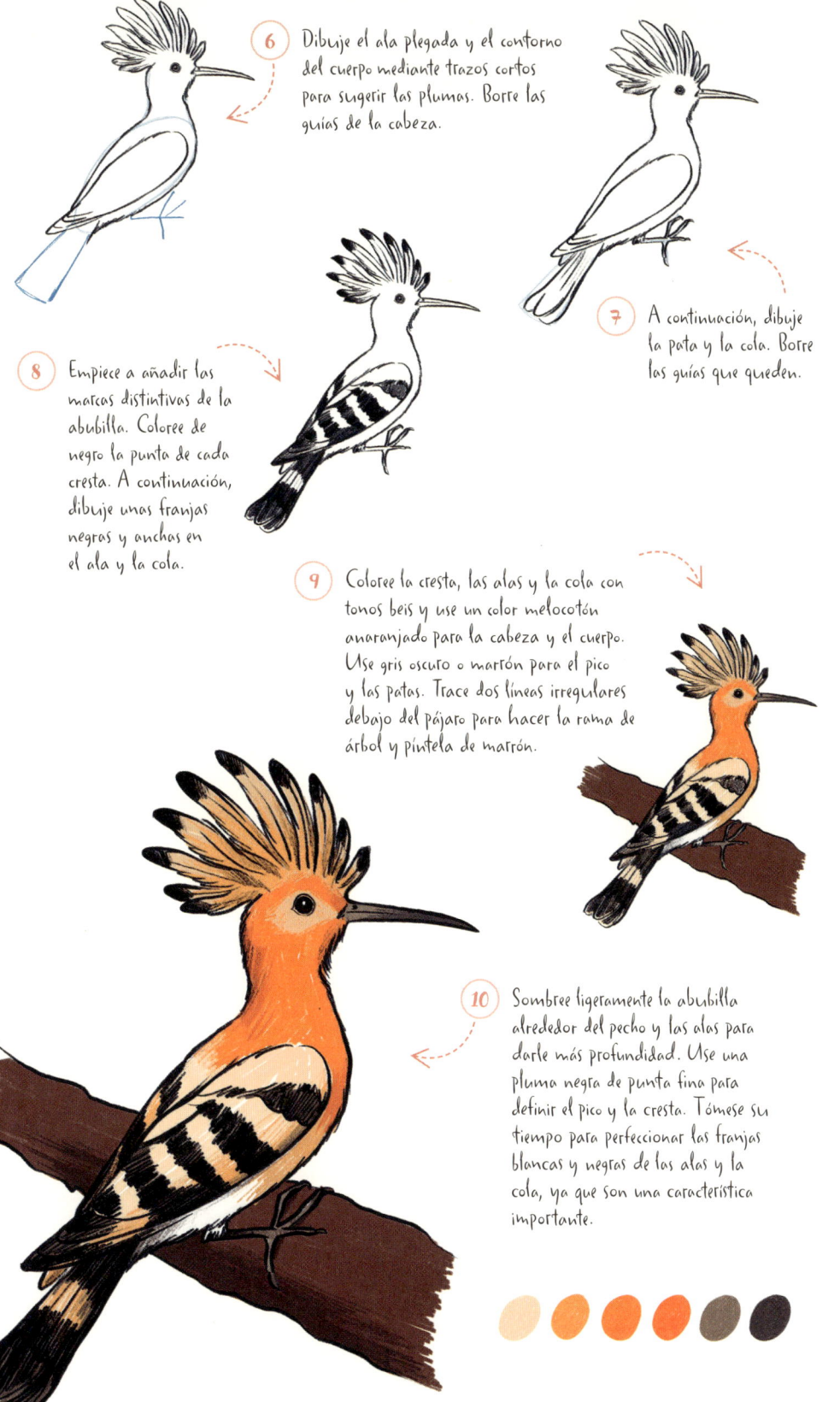

6 Dibuje el ala plegada y el contorno del cuerpo mediante trazos cortos para sugerir las plumas. Borre las guías de la cabeza.

7 A continuación, dibuje la pata y la cola. Borre las guías que queden.

8 Empiece a añadir las marcas distintivas de la abubilla. Coloree de negro la punta de cada cresta. A continuación, dibuje unas franjas negras y anchas en el ala y la cola.

9 Coloree la cresta, las alas y la cola con tonos beis y use un color melocotón anaranjado para la cabeza y el cuerpo. Use gris oscuro o marrón para el pico y las patas. Trace dos líneas irregulares debajo del pájaro para hacer la rama de árbol y píntela de marrón.

10 Sombree ligeramente la abubilla alrededor del pecho y las alas para darle más profundidad. Use una pluma negra de punta fina para definir el pico y la cresta. Tómese su tiempo para perfeccionar las franjas blancas y negras de las alas y la cola, ya que son una característica importante.

Aves tropicales y exóticas
Guacamayo de Lear

El guacamayo de Lear tiene un plumaje con muchos tonos diferentes de azul. Asegúrese de que la cola sea tan larga como la cabeza y el cuerpo juntos para que las proporciones sean correctas.

1 Dibuje un óvalo pequeño como guía para la cabeza y un óvalo más grande para el cuerpo.

2 Trace una forma alargada para la cola.

3 Esboce el contorno del ala izquierda, que debe tener aproximadamente la misma longitud que la cola.

4 Dibuje dos líneas cortas para dar forma al cuello. Añada un pico curvado y un círculo para el ojo. Esboce el ala derecha y dos círculos pequeños para las patas del pájaro.

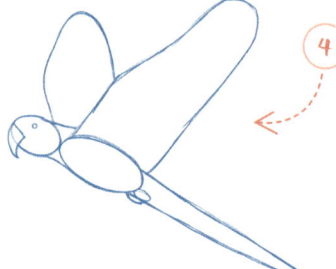

5 Con una pluma, dibuje el ojo y el pico en forma de gancho.

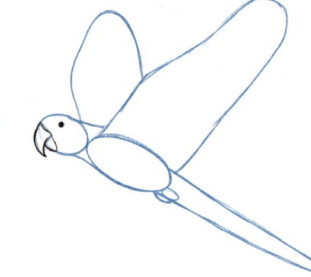

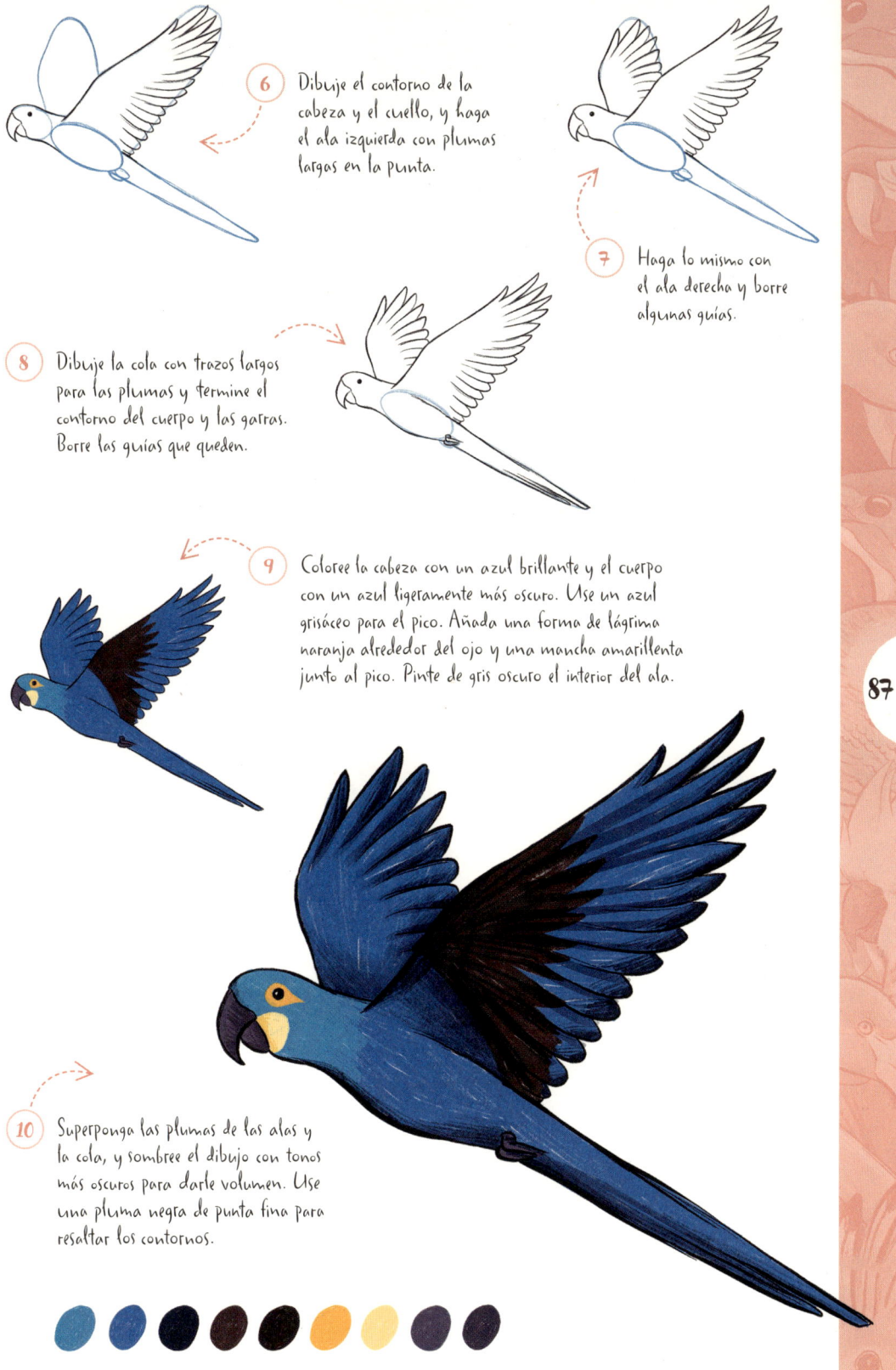

6 Dibuje el contorno de la cabeza y el cuello, y haga el ala izquierda con plumas largas en la punta.

7 Haga lo mismo con el ala derecha y borre algunas guías.

8 Dibuje la cola con trazos largos para las plumas y termine el contorno del cuerpo y las garras. Borre las guías que queden.

9 Coloree la cabeza con un azul brillante y el cuerpo con un azul ligeramente más oscuro. Use un azul grisáceo para el pico. Añada una forma de lágrima naranja alrededor del ojo y una mancha amarillenta junto al pico. Pinte de gris oscuro el interior del ala.

10 Superponga las plumas de las alas y la cola, y sombree el dibujo con tonos más oscuros para darle volumen. Use una pluma negra de punta fina para resaltar los contornos.

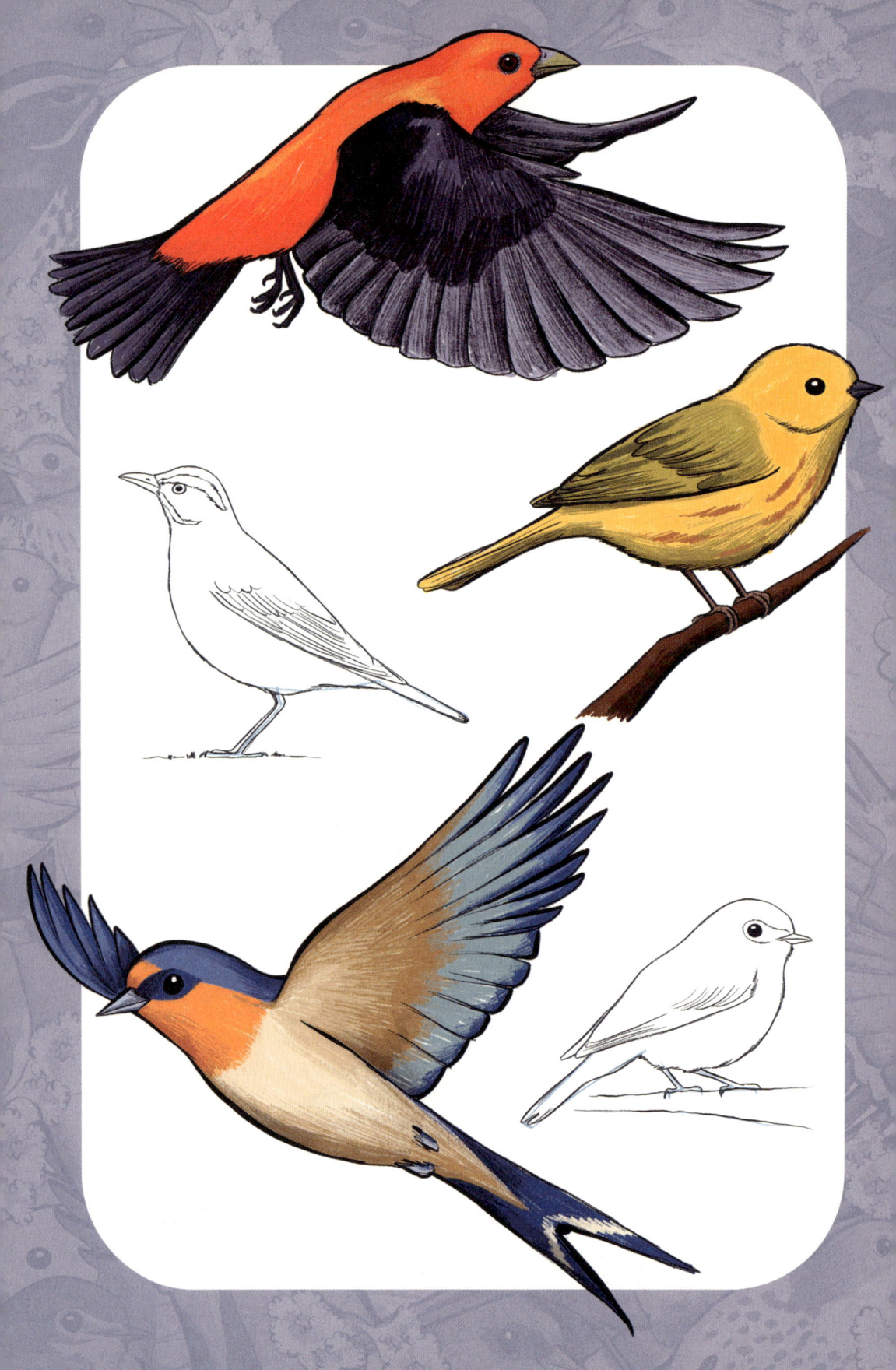

Aves cantoras y currucas

Reinita de manglar

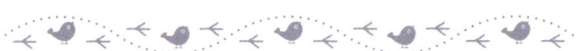

Aunque el color de este pequeño pájaro es principalmente amarillo, sus alas presentan
un tono verdoso y unas características rayas rojizas adornan su pecho.

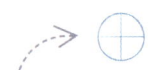

1. Dibuje un círculo para la cabeza del pájaro con dos líneas guía en su interior.

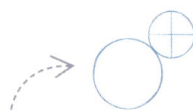

2. Añada un círculo más grande para el cuerpo.

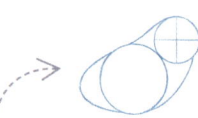

3. Trace unas líneas curvas para crear el cuello y una forma de U abierta al final del cuerpo.

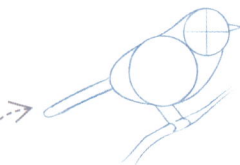

4. A continuación, trace la cola, las patas y una rama.

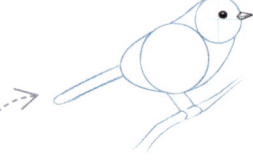

5. Con una pluma, dibuje el ojo con un pequeño reflejo blanco y el pico.

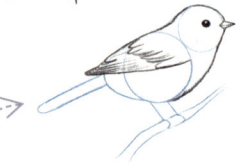

6. Perfile la cabeza y el pecho y dibuje el ala.

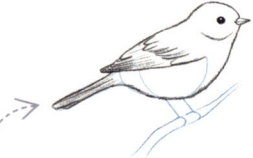

7. Dibuje la cola y termine el contorno del cuerpo.

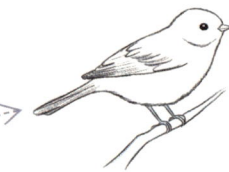

8. Dibuje las patas, las garras y la rama. Borre todas las guías.

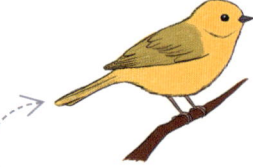

9. Coloree la cabeza y el cuerpo de amarillo, y el ala de amarillo verdoso.

90

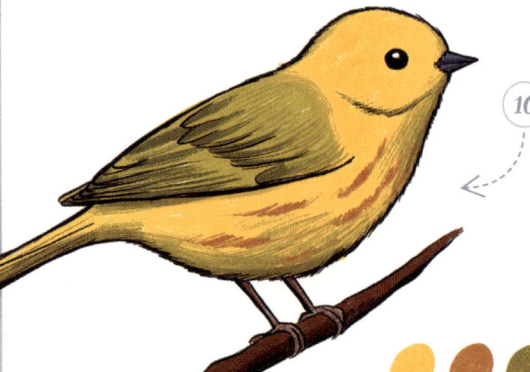

10. Use tonos más oscuros para sombrear el dibujo. Añada algunos trazos ligeros a las plumas para dar más profundidad y enriquecer la textura. Con la pluma, añada trazos gruesos a lo largo del contorno del pájaro para resaltarlo.

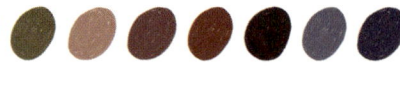

Azulejo índigo

Añada sombras a este pájaro de vistosos colores para darle volumen y conseguir un aspecto más natural y atractivo.

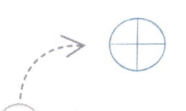

1 Dibuje un círculo para la cabeza del pájaro con dos líneas guía en su interior.

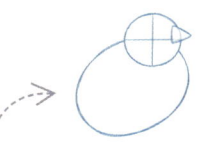

2 Añada una forma más grande para el cuerpo y esboce el pico.

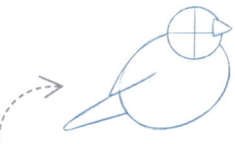

3 Trace las formas de las alas y la cola.

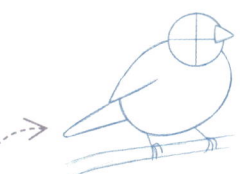

4 Añada las patas y una pequeña rama.

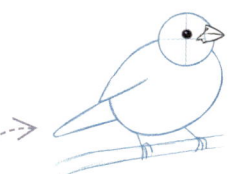

5 Con una pluma, dibuje el ojo con un pequeño reflejo y el pico.

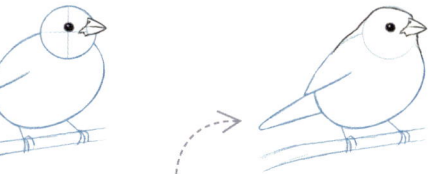

6 A continuación, dibuje el contorno de la cabeza.

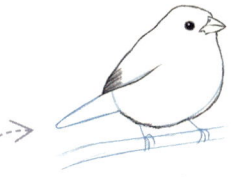

7 Dibuje el ala y perfile el cuerpo.

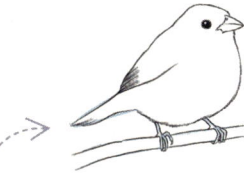

8 Dibuje la cola, las patas, las garras y la rama.

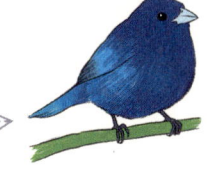

9 Coloree el pájaro con un azul brillante, de modo que sea más claro hacia la cola, y pinte el pico de azul pálido.

10 Use tonos más oscuros para sombrear el dibujo, especialmente debajo del cuerpo y en la cola. Resalte el contorno con trazos gruesos.

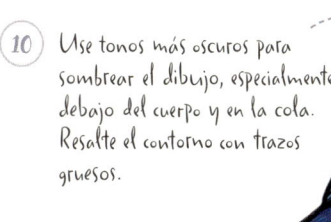

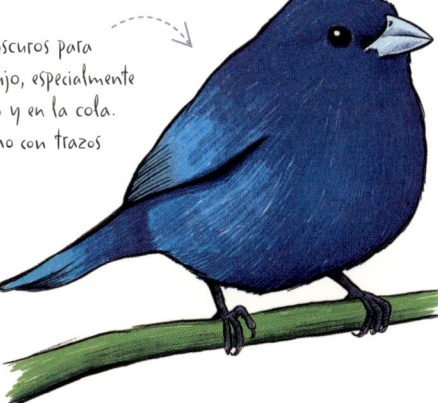

Azulejo gorjicanelo

Dibuje este pajarito regordete con un vientre bien redondeado
y un ojo de mirada atenta y vigilante para que parezca más real.

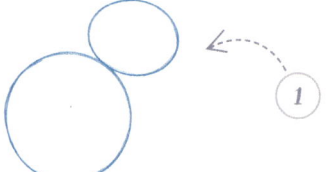

1 Esboce una pequeña forma ovalada como guía para la cabeza y añada un círculo más grande para el cuerpo.

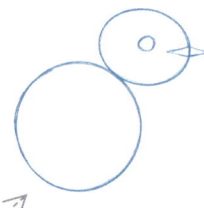

2 Dibuje el pico y el ojo.

3 Una la cabeza al cuerpo con dos líneas curvas y dibuje una forma de V para el ala plegada.

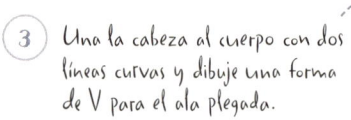
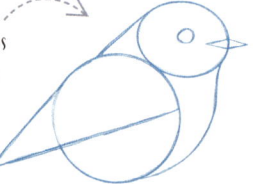

92

4 Esboce una cola larga y delgada, las patas y una ramita.

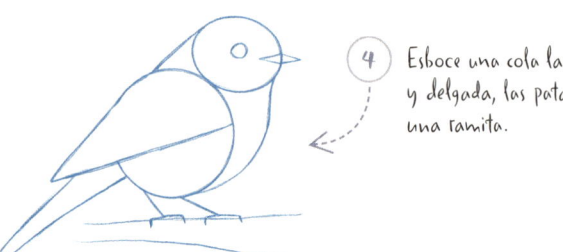

5 Con una pluma, dibuje el pico y el ojo; no olvide el puntito blanco para el reflejo. Esboce trazos cortos alrededor del ojo para representar las plumas.

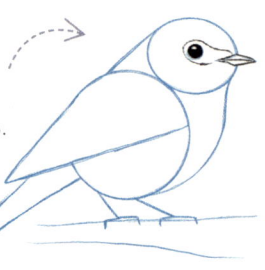

6 Perfile la cabeza y el pecho
con pequeños trazos.

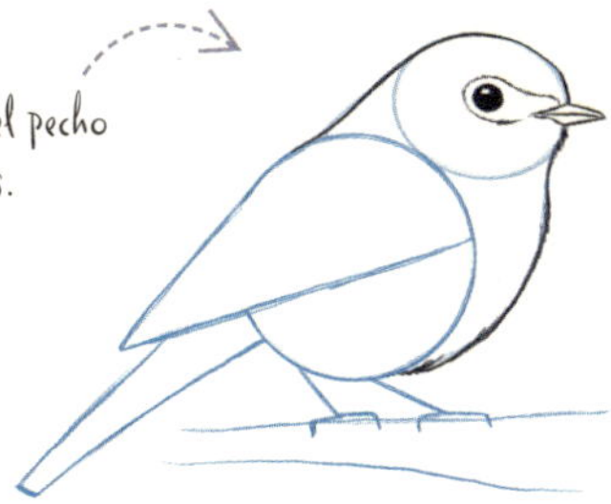

7 A continuación, dibuje el ala
con líneas en su interior para las
plumas, y termine el contorno
del cuerpo. Borre algunas de
las guías.

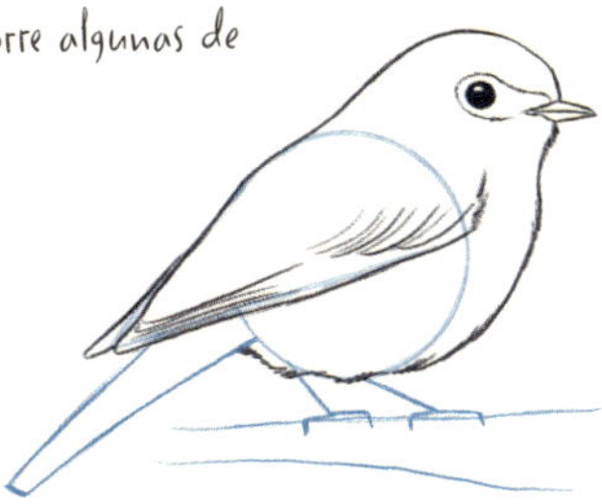

8 Dibuje la cola, las patas,
las garras y la rama.
Borre las guías restantes.

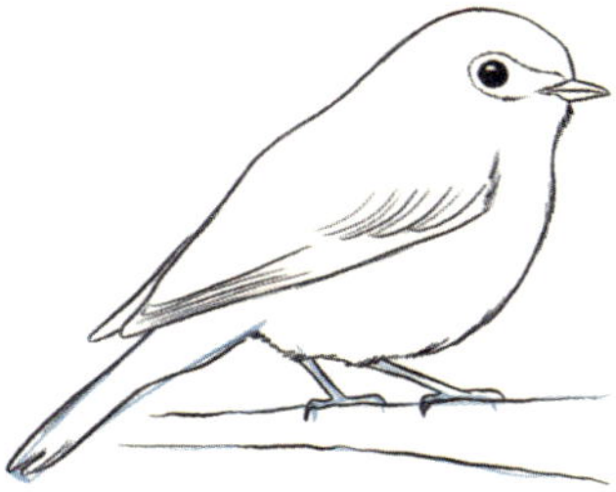

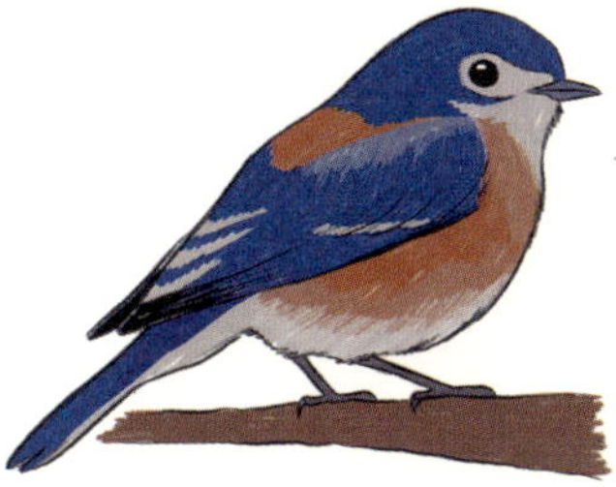

9 Coloree la cabeza, el dorso, las alas y la cola de
azul marino. Use un naranja rojizo cálido para el
pecho y un gris pálido para el vientre, la garganta
y la parte inferior de la cola. Pinte el pico y las
patas de gris oscuro y la rama de marrón.

10 Use tonos oscuros para sombrear
el dibujo y resaltar los detalles. Añada
algunos trazos ligeros a las plumas para
dar profundidad y textura. Repase
los contornos con trazos gruesos
para definirlos mejor.

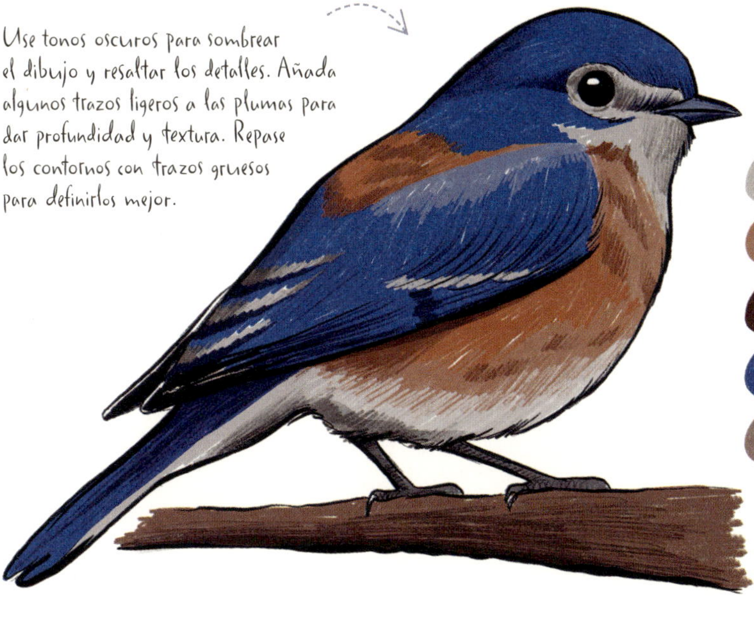

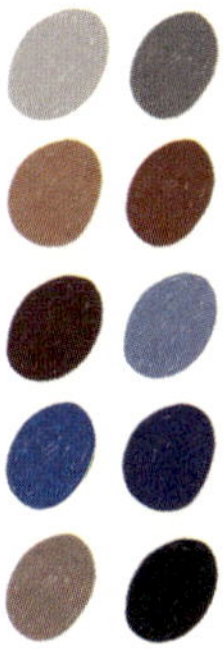

Aves cantoras y currucas

Golondrina común

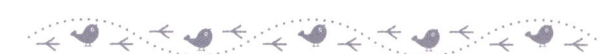

La golondrina muestra su rasgo más característico: la cola bifurcada.
Fíjese en sus proporciones en relación con el cuerpo.

1. Dibuje un óvalo pequeño como guía para la cabeza y un óvalo grande para el cuerpo.

2. Esboce la forma del ala izquierda.

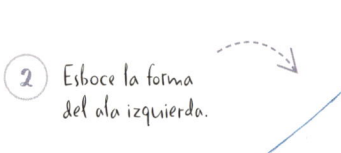

3. Añada el pico y un círculo para el ojo. Luego, trace dos líneas para dar forma al cuello.

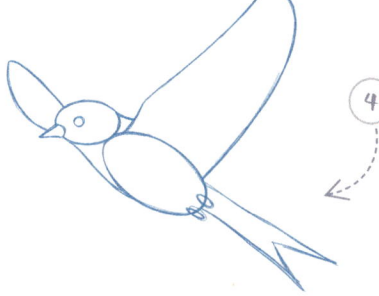

4. Haga el ala derecha y esboce la cola delgada y bifurcada.

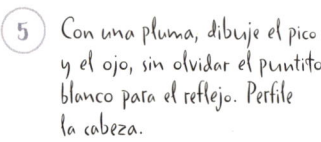

5. Con una pluma, dibuje el pico y el ojo, sin olvidar el puntito blanco para el reflejo. Perfile la cabeza.

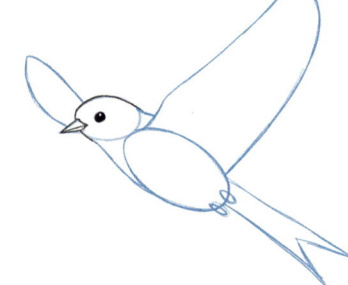

94

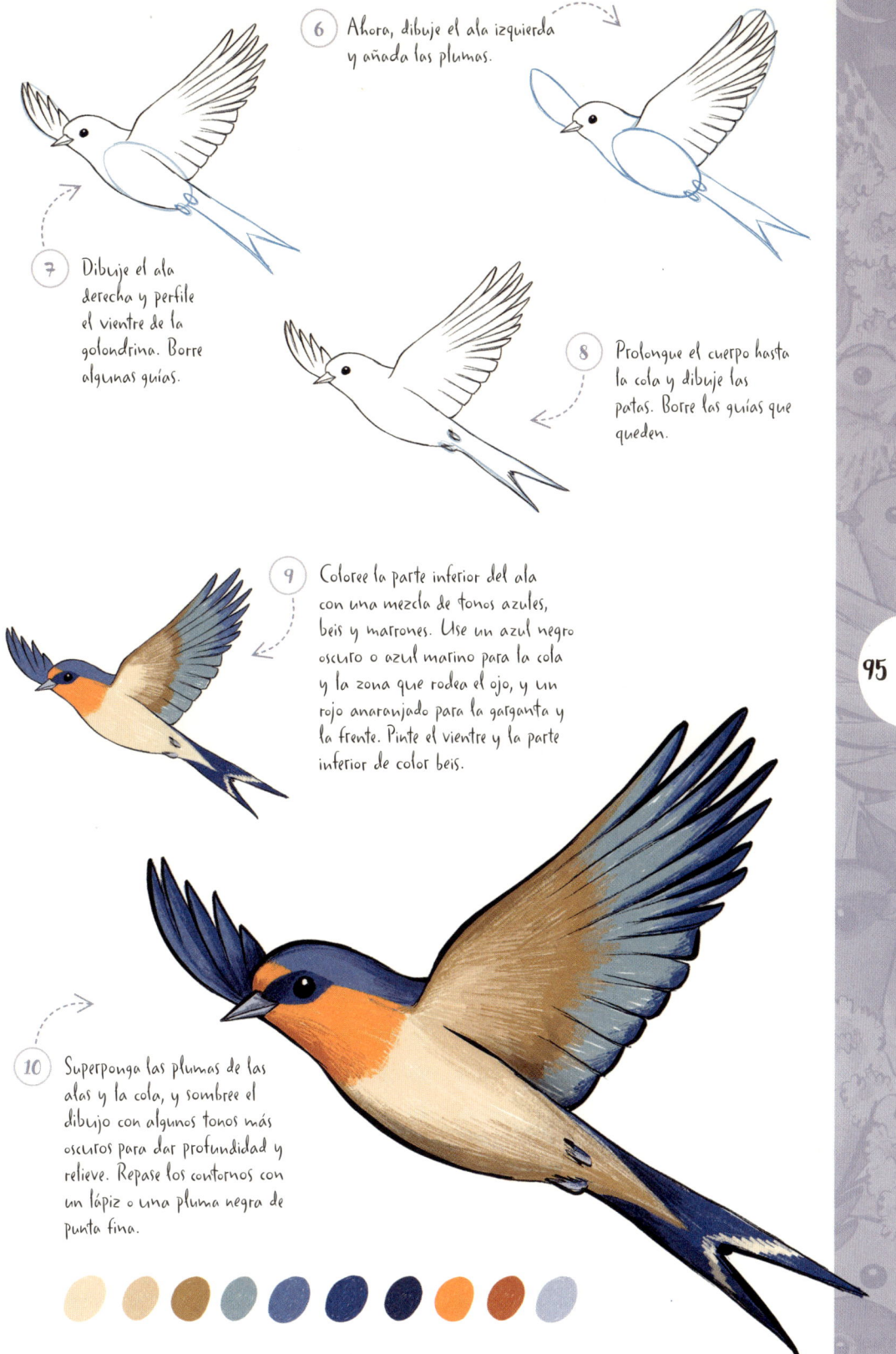

6 Ahora, dibuje el ala izquierda y añada las plumas.

7 Dibuje el ala derecha y perfile el vientre de la golondrina. Borre algunas guías.

8 Prolongue el cuerpo hasta la cola y dibuje las patas. Borre las guías que queden.

9 Coloree la parte inferior del ala con una mezcla de tonos azules, beis y marrones. Use un azul negro oscuro o azul marino para la cola y la zona que rodea el ojo, y un rojo anaranjado para la garganta y la frente. Pinte el vientre y la parte inferior de color beis.

10 Superponga las plumas de las alas y la cola, y sombree el dibujo con algunos tonos más oscuros para dar profundidad y relieve. Repase los contornos con un lápiz o una pluma negra de punta fina.

Ruiseñor común

Este pájaro de presencia discreta nos sorprende con su potente canto. Para dar calidez al tono amarronado de la parte superior del cuerpo, añada un poco de rojo.

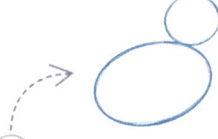

1. Esboce un círculo como guía para la cabeza y una forma ovalada más grande para el cuerpo.

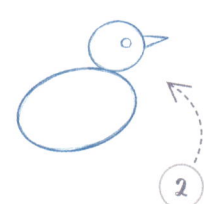

2. Esboce el ojo y el pico.

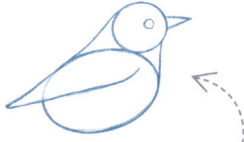

3. Trace dos líneas curvas para crear el cuello y una forma de V para el ala.

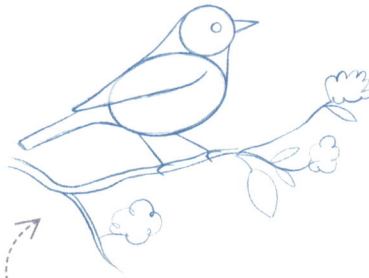

4. Dibuje una cola larga y delgada y dos patas cortas. A continuación, añada una ramita con algunas hojas y flores.

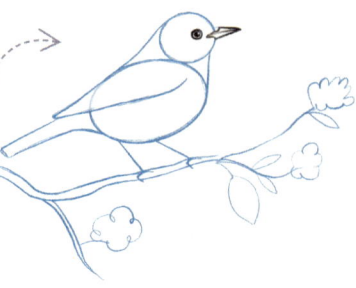

5. Con una pluma, dibuje el pico y el ojo, sin olvidar el pequeño reflejo blanco.

96

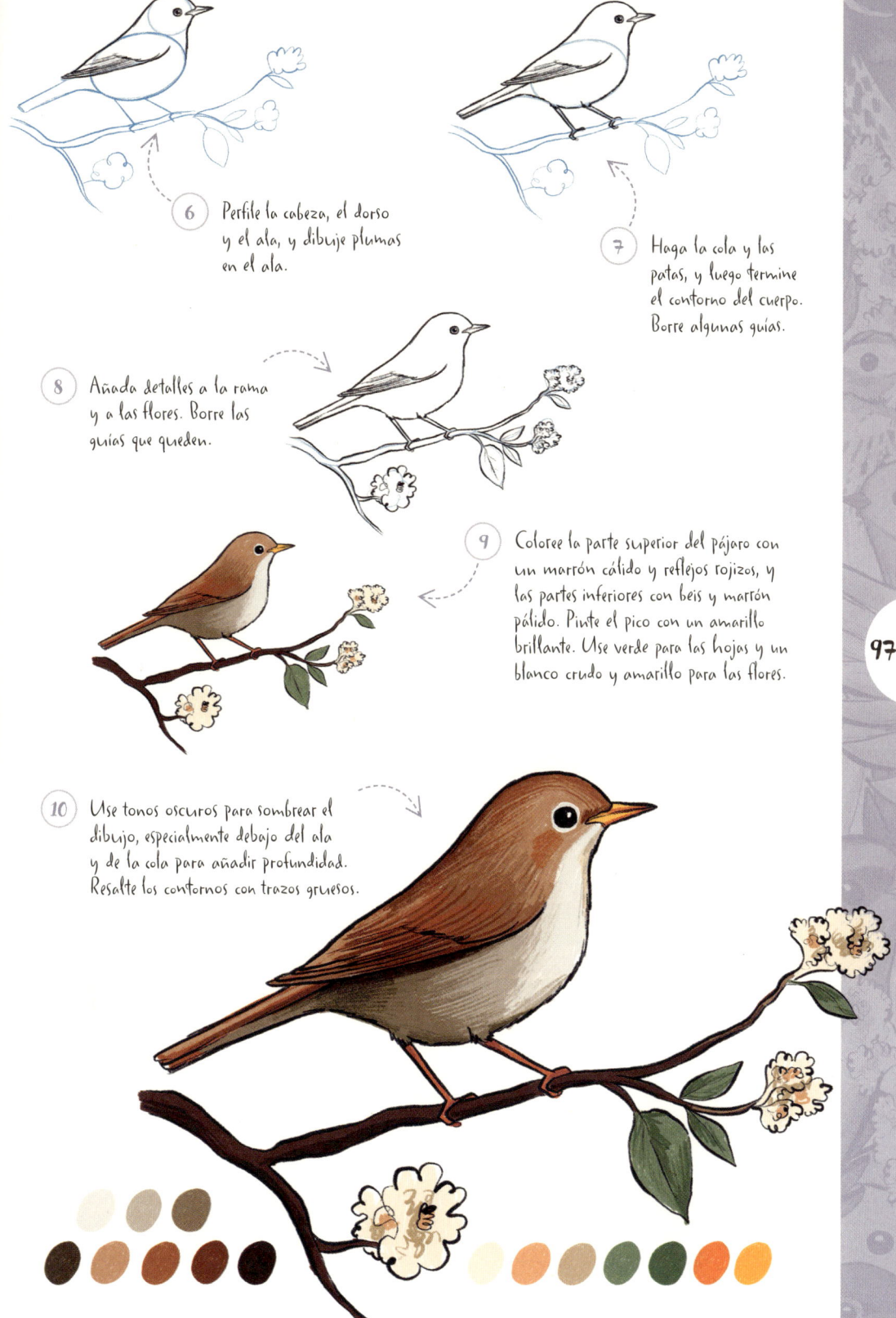

6 Perfile la cabeza, el dorso y el ala, y dibuje plumas en el ala.

7 Haga la cola y las patas, y luego termine el contorno del cuerpo. Borre algunas guías.

8 Añada detalles a la rama y a las flores. Borre las guías que queden.

9 Coloree la parte superior del pájaro con un marrón cálido y reflejos rojizos, y las partes inferiores con beis y marrón pálido. Pinte el pico con un amarillo brillante. Use verde para las hojas y un blanco crudo y amarillo para las flores.

10 Use tonos oscuros para sombrear el dibujo, especialmente debajo del ala y de la cola para añadir profundidad. Resalte los contornos con trazos gruesos.

Zorzal maculado

Esta ave presenta un precioso color marrón rojizo canela en la cabeza
y el dorso, así como un llamativo estampado de motas en el pecho.

1 Dibuje una pequeña forma ovalada como guía para la cabeza y un óvalo grande para el cuerpo.

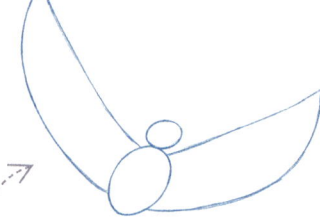

2 Trace dos formas grandes para las alas extendidas.

3 Haga ahora una forma de abanico para la cola y dos óvalos pequeños para las patas dobladas.

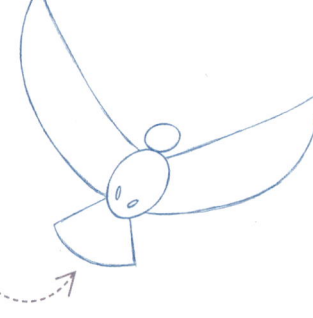

4 Esboce el pico y un círculo para el ojo, y dibuje dos líneas para dar forma al cuello.

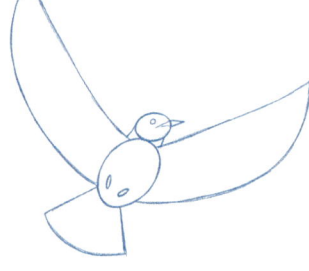

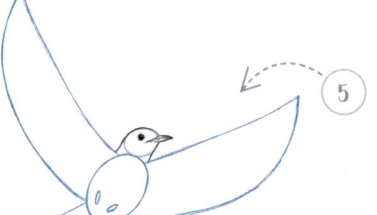

5 Con una pluma, dibuje el pico y el ojo, sin olvidar el puntito blanco para el reflejo. Perfile la cabeza del zorzal.

98

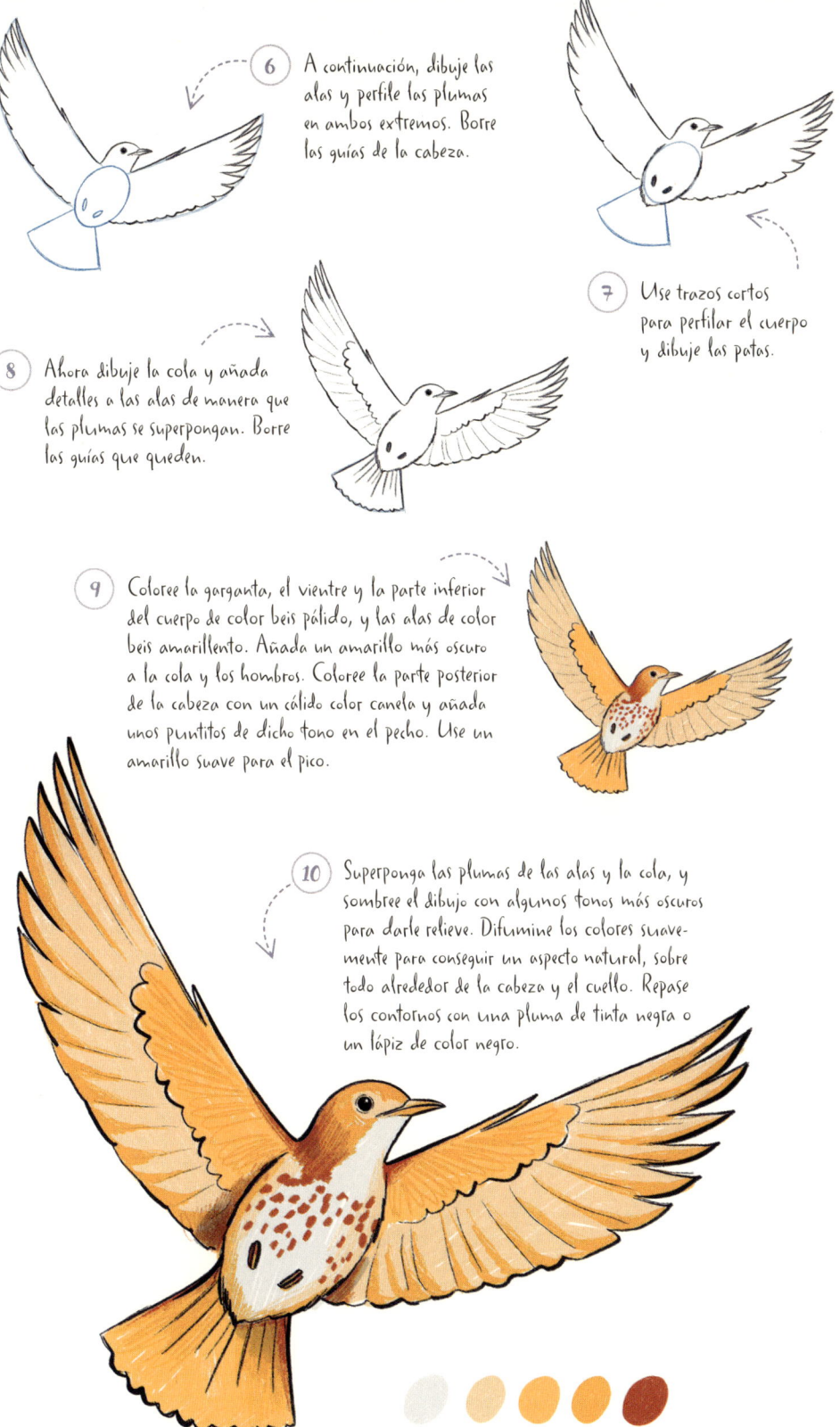

6 A continuación, dibuje las alas y perfile las plumas en ambos extremos. Borre las guías de la cabeza.

7 Use trazos cortos para perfilar el cuerpo y dibuje las patas.

8 Ahora dibuje la cola y añada detalles a las alas de manera que las plumas se superpongan. Borre las guías que queden.

9 Coloree la garganta, el vientre y la parte inferior del cuerpo de color beis pálido, y las alas de color beis amarillento. Añada un amarillo más oscuro a la cola y los hombros. Coloree la parte posterior de la cabeza con un cálido color canela y añada unos puntitos de dicho tono en el pecho. Use un amarillo suave para el pico.

10 Superponga las plumas de las alas y la cola, y sombree el dibujo con algunos tonos más oscuros para darle relieve. Difumine los colores suavemente para conseguir un aspecto natural, sobre todo alrededor de la cabeza y el cuello. Repase los contornos con una pluma de tinta negra o un lápiz de color negro.

Aves cantoras y currucas
Zorzal alirrojo

Como miembro de la familia de los zorzales, el zorzal alirrojo se caracteriza por tener un pecho y un vientre moteados. Sin embargo, lo que más llama la atención de esta ave es la mancha de color anaranjado de su costado.

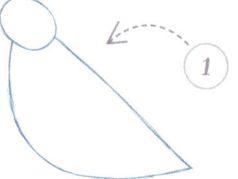

1 Para hacer la cabeza, trace un círculo como guía. Luego, añada una forma irregular para el cuerpo.

2 Dibuje el ojo y el pico.

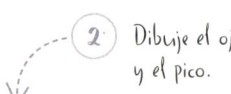

3 Ahora, esboce el ala y la cola.

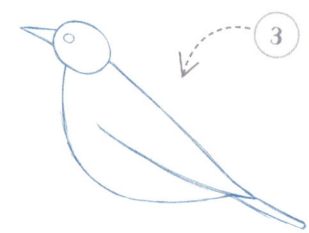

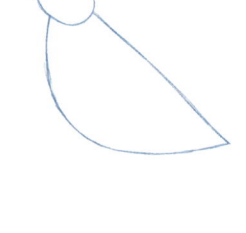

4 Dibuje una línea oblicua para las patas y una línea horizontal para las garras.

5 Con una pluma, dibuje el pico y el ojo, sin olvidar el puntito blanco para el reflejo.

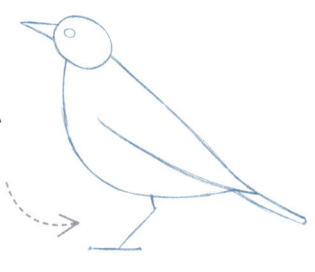

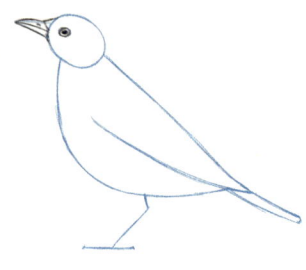

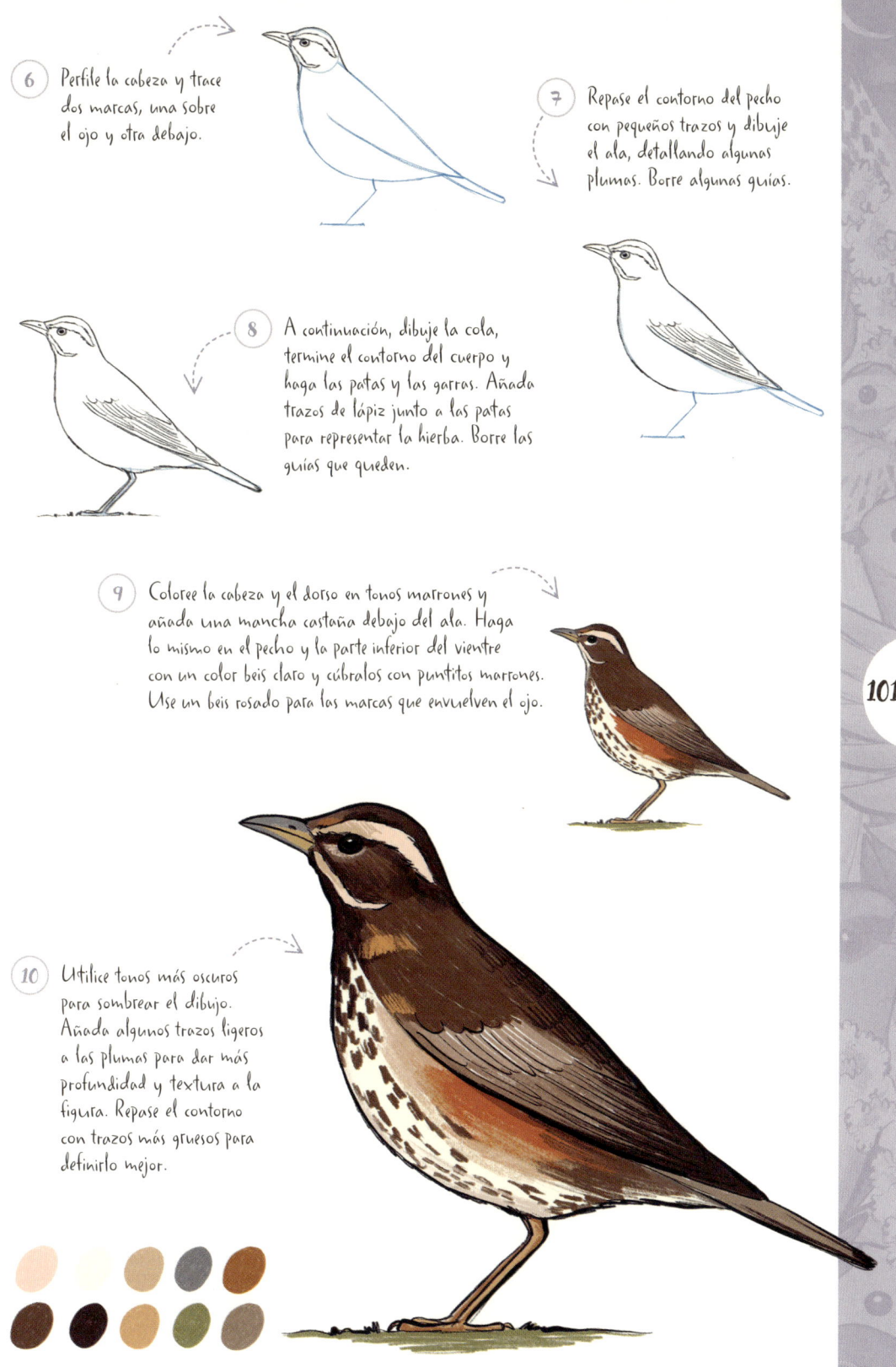

6 Perfile la cabeza y trace dos marcas, una sobre el ojo y otra debajo.

7 Repase el contorno del pecho con pequeños trazos y dibuje el ala, detallando algunas plumas. Borre algunas guías.

8 A continuación, dibuje la cola, termine el contorno del cuerpo y haga las patas y las garras. Añada trazos de lápiz junto a las patas para representar la hierba. Borre las guías que queden.

9 Coloree la cabeza y el dorso en tonos marrones y añada una mancha castaña debajo del ala. Haga lo mismo en el pecho y la parte inferior del vientre con un color beis claro y cúbralos con puntitos marrones. Use un beis rosado para las marcas que envuelven el ojo.

10 Utilice tonos más oscuros para sombrear el dibujo. Añada algunos trazos ligeros a las plumas para dar más profundidad y textura a la figura. Repase el contorno con trazos más gruesos para definirlo mejor.

Mosquitero común

Este pajarito tiene plumas de color marrón oliva, una cola corta y una zona circular clara alrededor del ojo.

1 Esboce un óvalo para la cabeza y un círculo grande para el cuerpo.

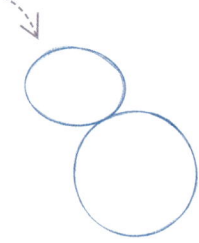

2 Dibuje dos líneas curvas para crear el cuello y una forma de V para el extremo del cuerpo.

3 Trace el contorno del pico y añada un círculo pequeño para el ojo. Esboce una cola fina.

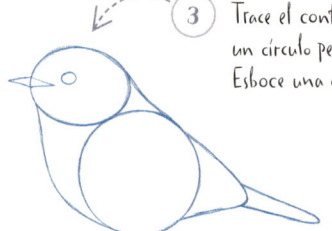

102

4 Dibuje las patas y añada una rama debajo del pájaro.

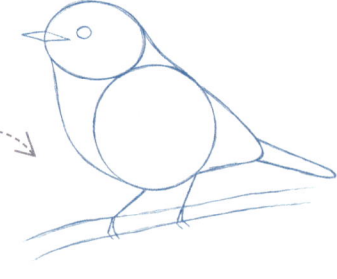

5 Con una pluma, dibuje el pico y el ojo, sin olvidar el puntito blanco para el reflejo.

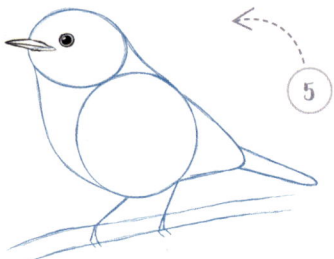

6 Perfile la cabeza, el pecho y la parte superior del dorso con trazos cortos para sugerir las plumas.

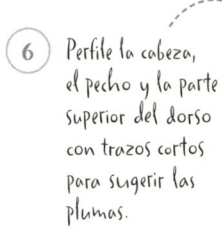

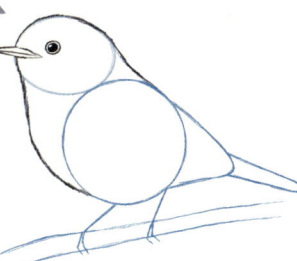

7 Dibuje el ala y la cola, y esboce algunas plumas en ellas. Termine el contorno del cuerpo y borre algunas guías.

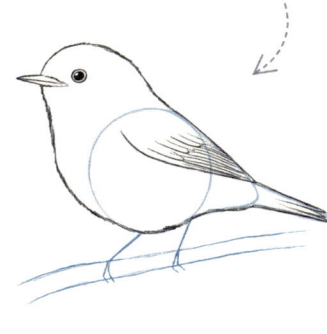

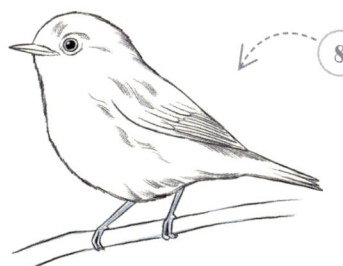

8 Dibuje las patas, las garras y la rama, y añada algunas líneas finas para las plumas del ave. Borre las guías que queden.

9 Use un color beis amarillento suave para la mayor parte del cuerpo y un gris amarillento más oscuro en el ala y la cabeza. Añada un círculo claro alrededor del ojo. Coloree las patas de un marrón oscuro y la rama de un marrón más claro.

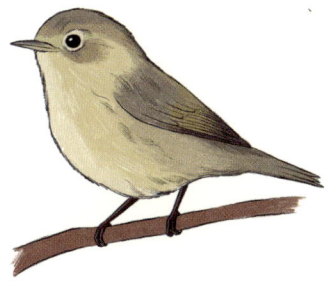

10 Use algunos tonos más oscuros para sombrear la figura. Añada trazos ligeros de marrón oscuro para dar forma a las plumas y añadir profundidad y textura. Para terminar el dibujo, haga trazos gruesos con la pluma por todo el contorno del pájaro.

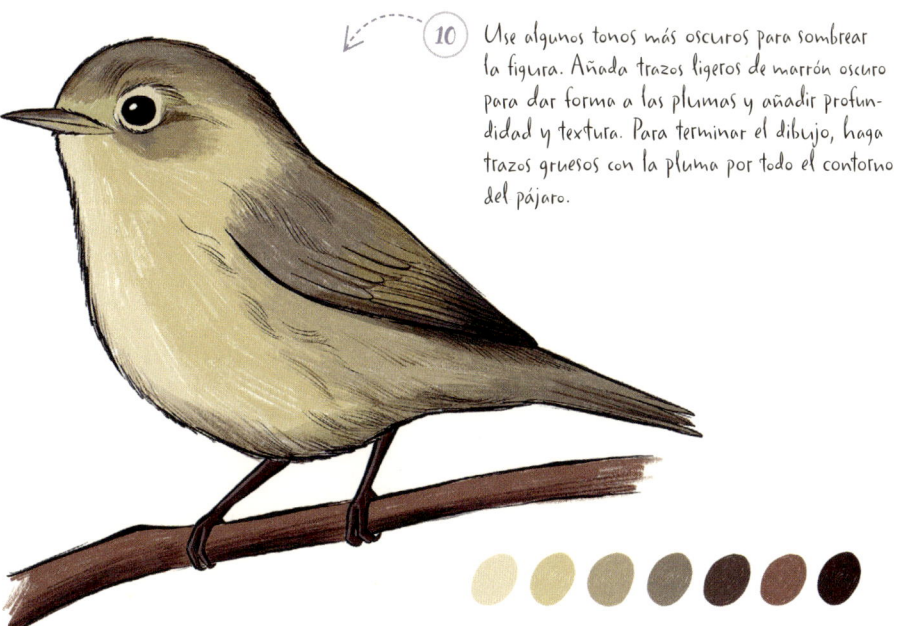

Tángara rojinegra migratoria

Este pájaro de brillante colorido es un buen ejemplo para practicar el uso de sombras. Aplique las capas de color con cuidado; empiece por el naranja y el púrpura y siga con el rojo y el negro, que darán profundidad y definición.

1. Dibuje un óvalo pequeño como guía para la cabeza y un óvalo alargado para el cuerpo.

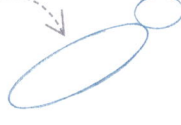

2. Para dar forma al cuello, dibuje dos líneas y añada una pequeña forma de U en la parte posterior del cuerpo.

3. Esboce el pico, una cola en forma de abanico y un círculo pequeño para el ojo.

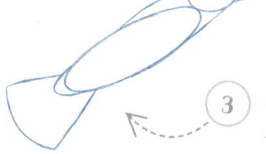

104

4. Trace dos formas que se prolonguen hacia abajo para las alas; la izquierda quedará parcialmente oculta. Luego, haga las patas.

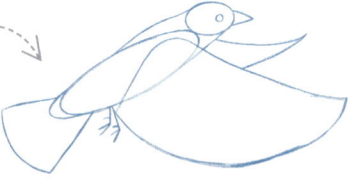

5. Con una pluma, dibuje el pico y el ojo, sin olvidar el puntito blanco para el reflejo. Añada un leve contorno alrededor del ojo.

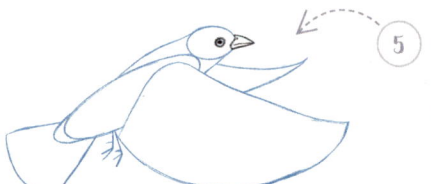

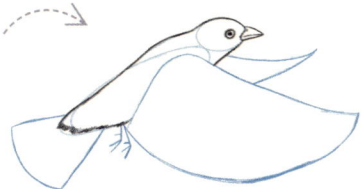

(6) Perfile la cabeza y el cuerpo; haga trazos cortos alrededor de la parte final.

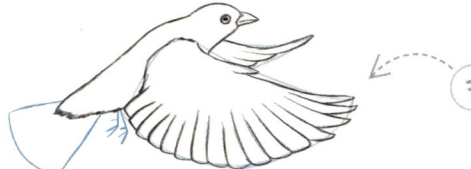

(7) A continuación, dibuje las alas con trazos largos para representar las plumas. Borre algunas guías.

(8) Dibuje la cola, las patas y las garras. Borre las guías que queden.

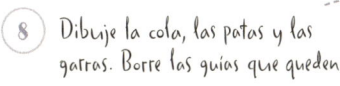

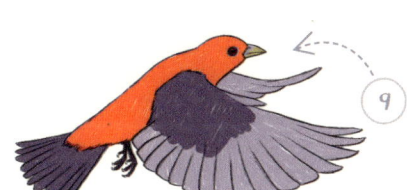

(9) Pinte la cabeza y el cuerpo de naranja brillante. Use un púrpura fuerte para la cola y la parte superior del ala derecha, y un púrpura más claro para las partes inferiores del ala. Utilice un amarillo apagado para el pico y un marrón oscuro para los ojos y las patas.

(10) Aplique tonos rojos en la cabeza y el cuerpo para crear un color escarlata brillante. Use negro para aplicar capas a la cola y las alas y conseguir un efecto más oscuro. Añada algunos reflejos amarillos en el cuerpo del pájaro para crear un efecto brillante, y luego difumínelos suavemente para conseguir una textura más real. Resalte los contornos con una pluma de tinta negra o un lápiz de color negro.

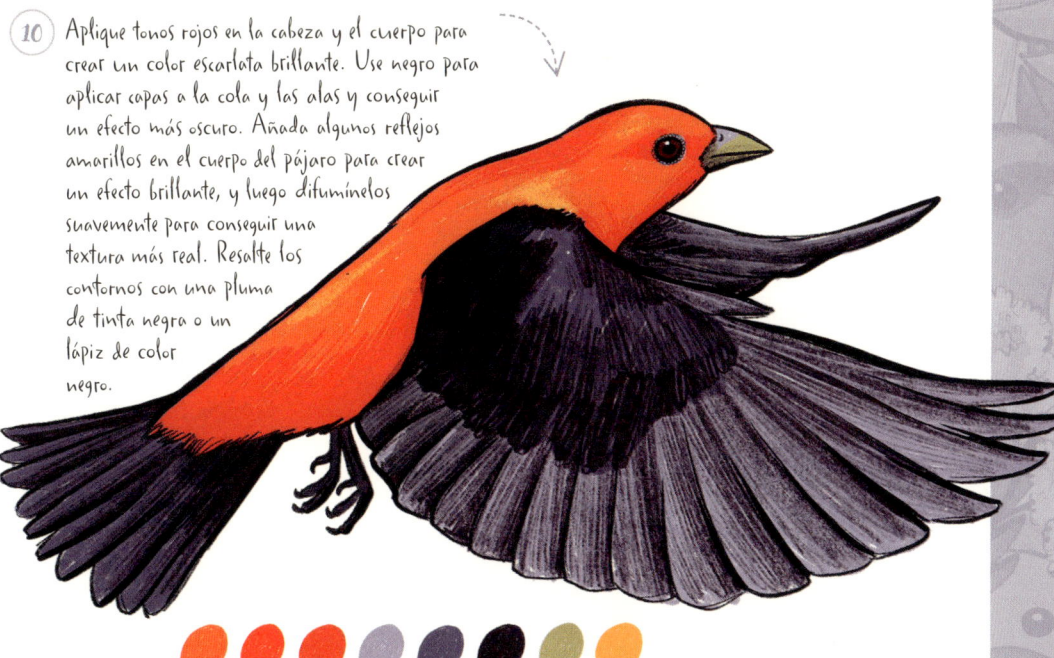

Alondra común

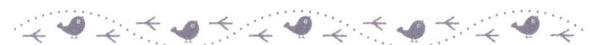

Este pequeño pájaro marrón veteado presenta unos colores
suaves y terrosos, y las motas del pecho parecen rayitas.

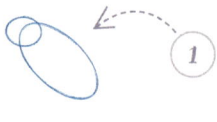

1 Dibuje un óvalo pequeño como guía
para la cabeza. Añada un óvalo
largo para el cuerpo, superponiéndolo
a la cabeza.

2 Esboce el pico y un círculo para
el ojo. A continuación, trace dos
líneas horizontales, ligeramente
onduladas, para la forma de las
alas en pleno vuelo.

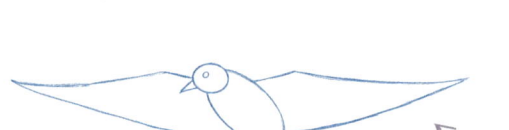

3 Termine las formas de las
alas con dos líneas curvas.

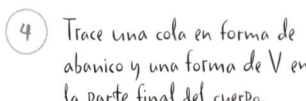

4 Trace una cola en forma de
abanico y una forma de V en
la parte final del cuerpo.

5 Con una pluma, dibuje el pico y
el ojo, sin olvidar el puntito blanco
para el reflejo. A continuación, perfile
la cabeza del pájaro.

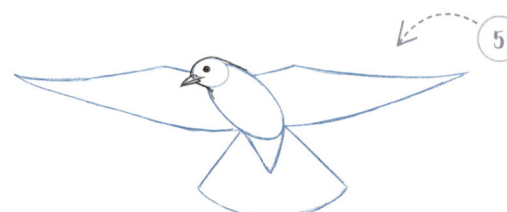

6 Termine el contorno del cuerpo con trazos cortos para imitar las plumas.

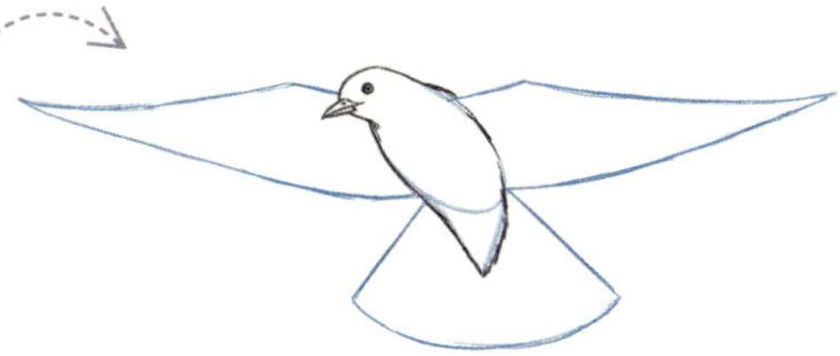

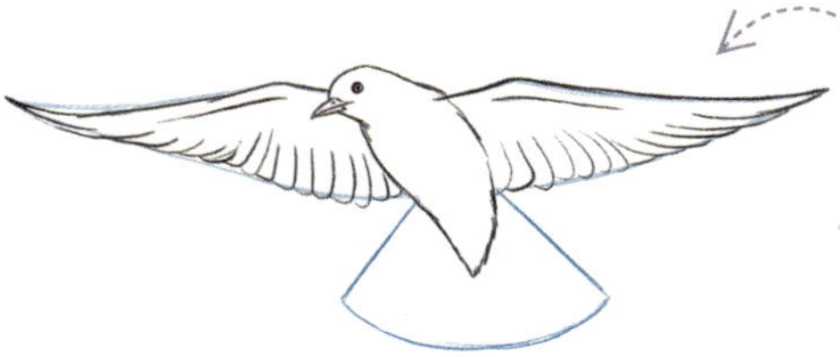

7 Ahora, dibuje las alas y añada algunos trazos largos para que parezcan plumas. Borre las guías del cuerpo y la cabeza.

8 Dibuje la cola de forma que las puntas de la plumas queden claramente separadas.

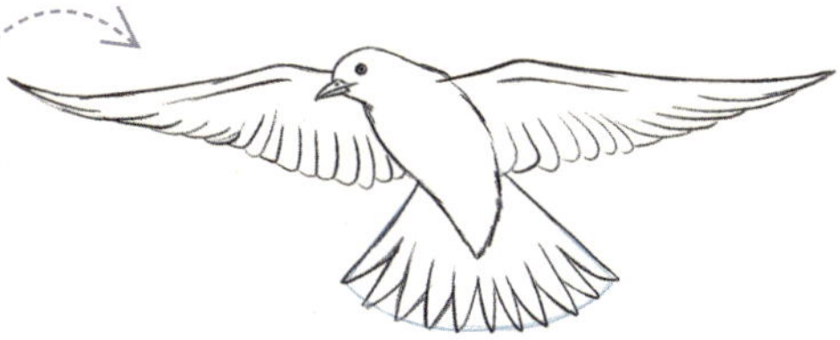

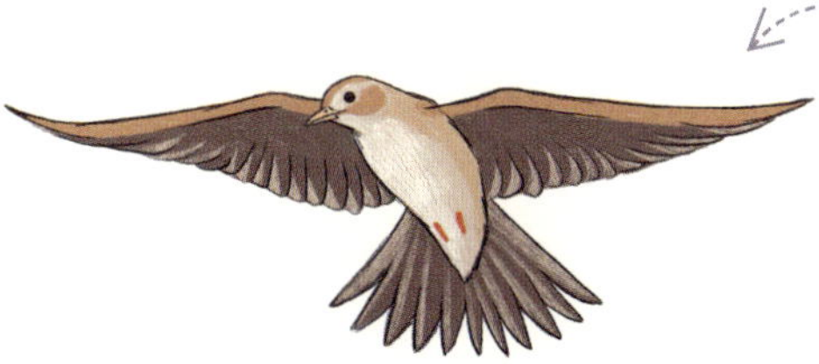

9 Coloree el vientre de color crema pálido y la cabeza de color beis y marrón claro. Añada un marrón más oscuro en las alas y la cola, y coloree algunas partes de las plumas de un color más claro. Use amarillo para el pico y negro para el ojo. Añada dos formas naranjas en la parte inferior del cuerpo; son las patas dobladas.

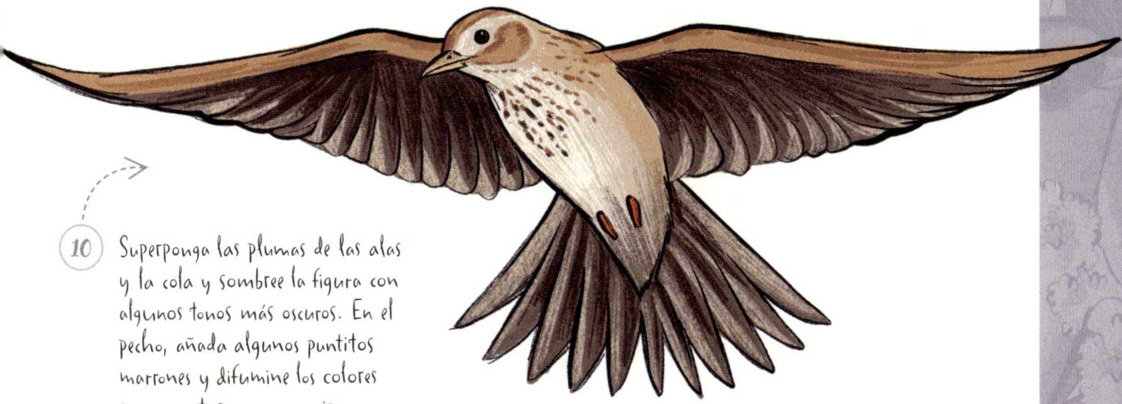

10 Superponga las plumas de las alas y la cola y sombree la figura con algunos tonos más oscuros. En el pecho, añada algunos puntitos marrones y difumine los colores suavemente para conseguir una textura más real. Resalte los contornos con una pluma de tinta negra o un lápiz de color negro.

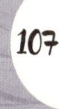

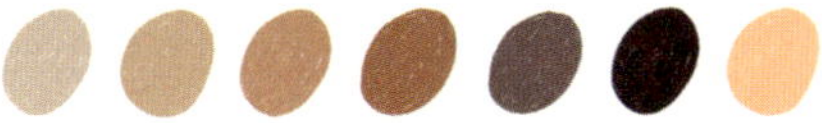

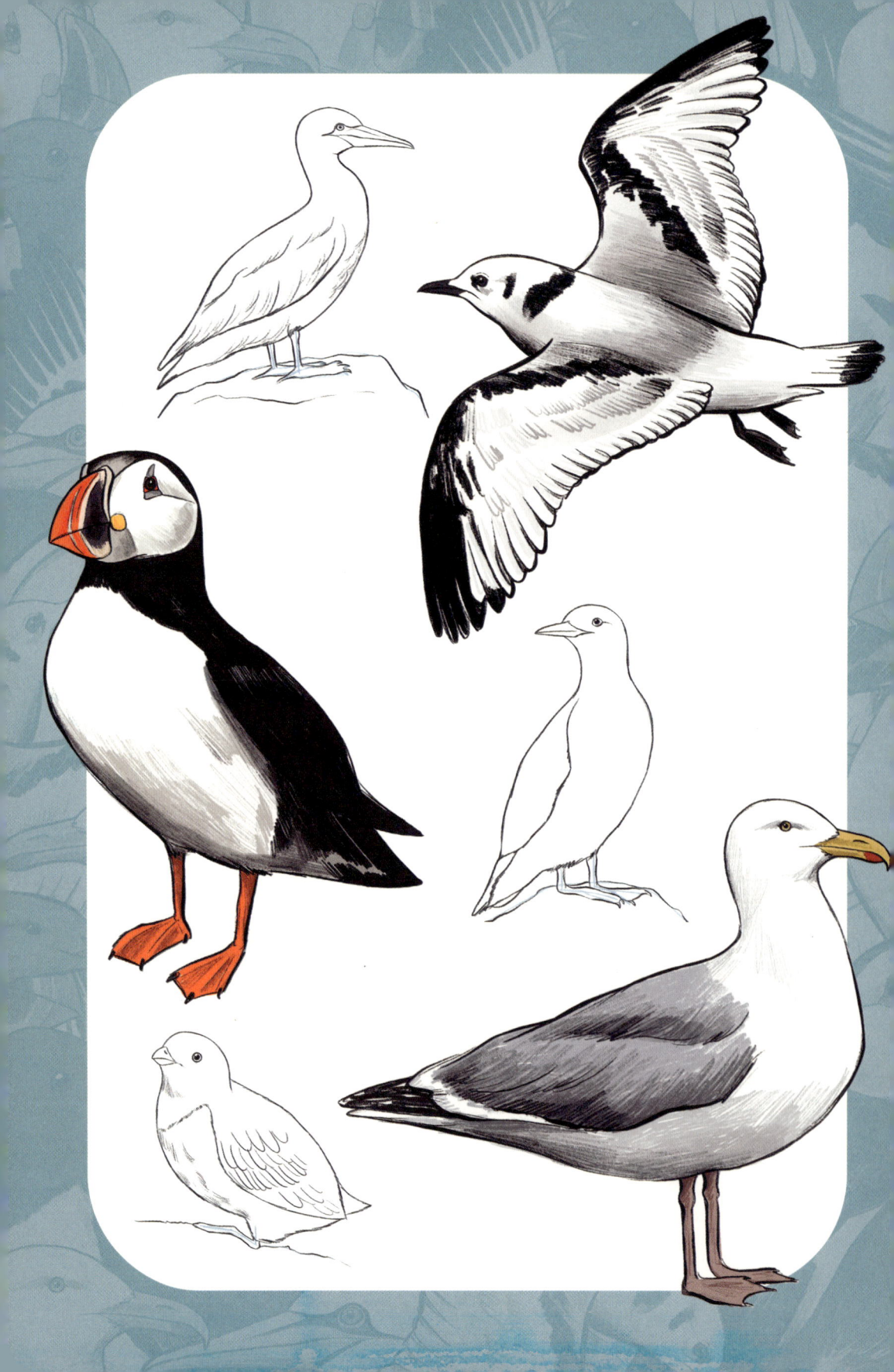

Aves costeras y marinas

Frailecillo atlántico

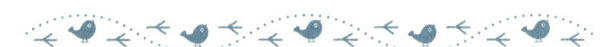

El frailecillo es inconfundible por su pico de colores vivos, sus ojos expresivos y sus pies palmeados de tono naranja brillante. Preste atención a los detalles para conseguir un aspecto más real.

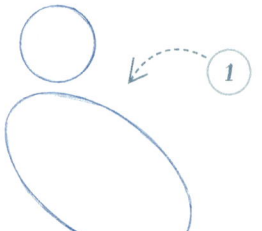

(1) Empiece trazando un círculo como guía para la cabeza y un óvalo para el cuerpo.

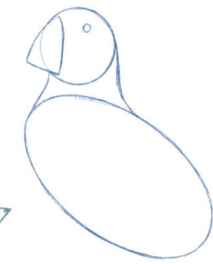

(2) Los frailecillos tienen el pico grande. Dibuje una forma triangular ligeramente curvada hacia abajo. Añada un círculo pequeño para el ojo y dibuje dos líneas curvas para dar forma al cuello.

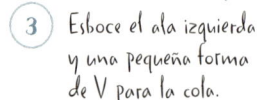

110

(3) Esboce el ala izquierda y una pequeña forma de V para la cola.

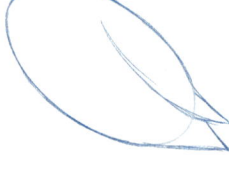

(4) Trace las patas y las garras del ave. Añada una línea para el suelo.

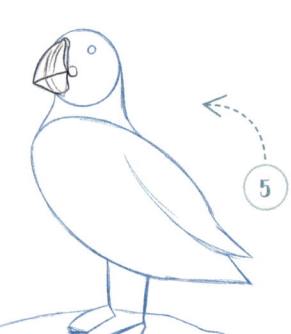

(5) Con una pluma, dibuje el pico. Añada algunos detalles con líneas que más adelante te servirán para separar los colores.

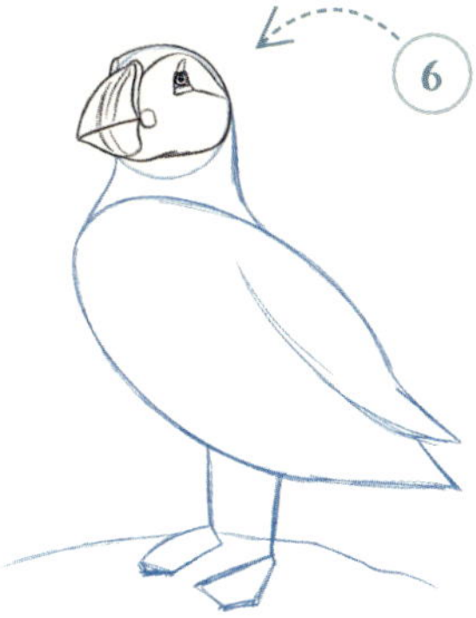

6 Dibuje un ojo pequeño y expresivo con el iris negro. Esboce una mancha en forma de lágrima alrededor del ojo y perfile la zona blanca de la cara.

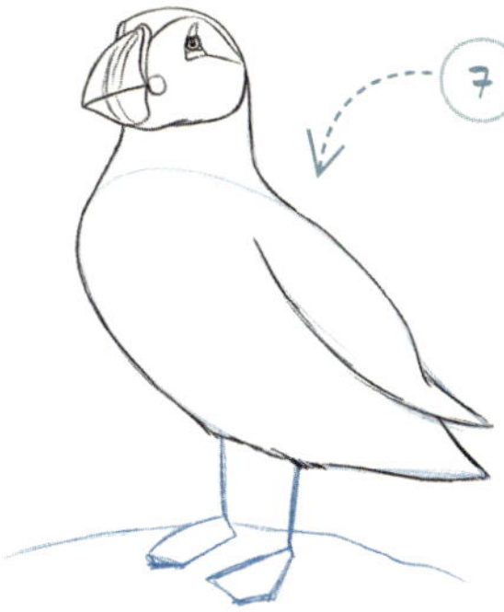

7 A continuación, dibuje el ala y perfile el cuerpo y la cola con trazos cortos. Borre algunas guías.

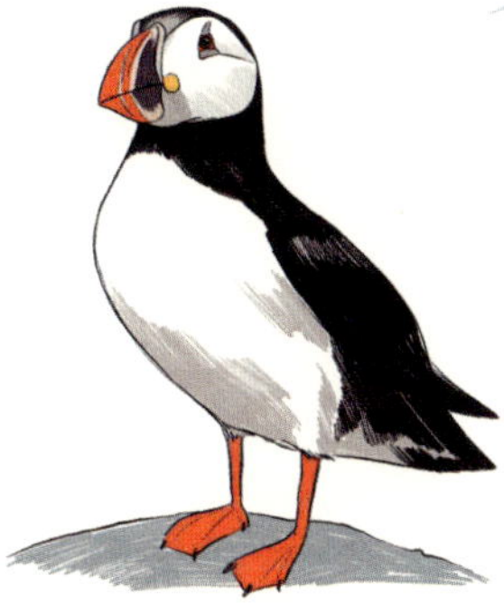

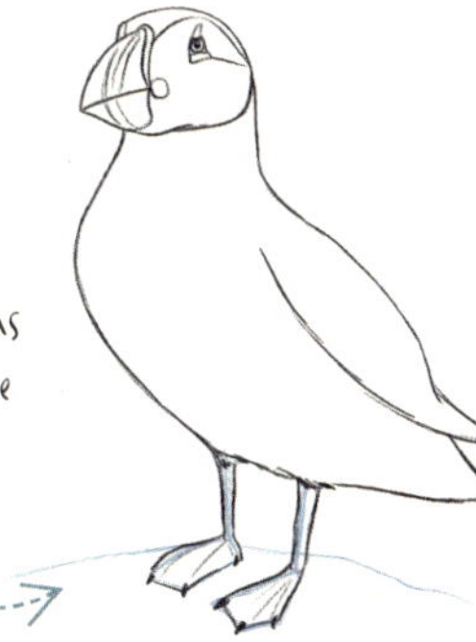

8 Dibuje las patas y las garras y, luego, borre las guías restantes.

9 Coloree el pico de naranja y rosa claro, con una base gris cerca de la cara y una mancha amarilla a la derecha. Use naranja y gris para el ojo, como se muestra en el dibujo. Pinte la cara y el vientre de blanco y el dorso, las alas y la parte superior de la cabeza de negro. Emplee naranja brillante para los pies palmeados y gris para la roca.

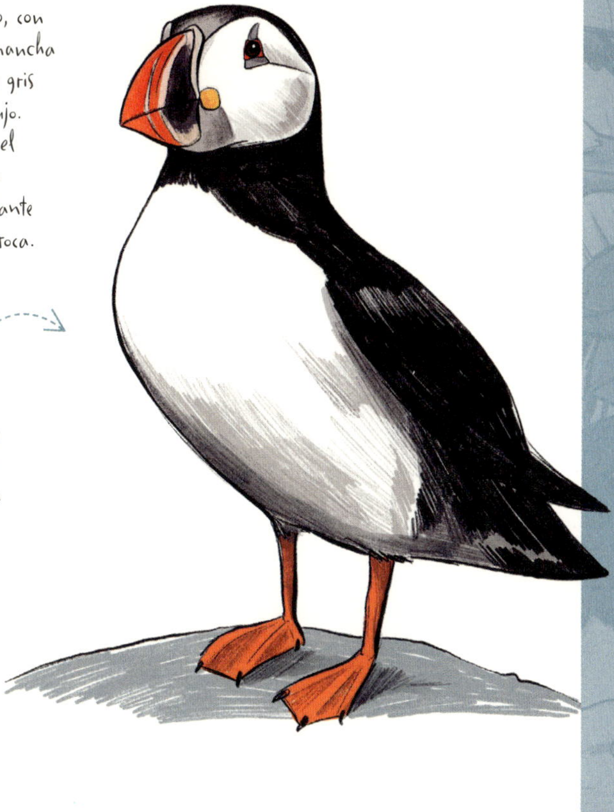

10 En la parte inferior del frailecillo, use tonos más oscuros para darle relieve. Añada sombras a la cara, las patas y las garras para darle volumen. Resalte los contornos con una pluma de tinta negra o un lápiz de color negro.

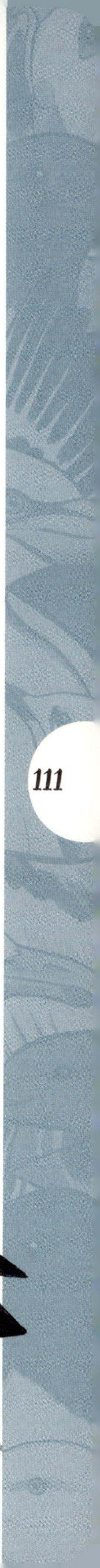

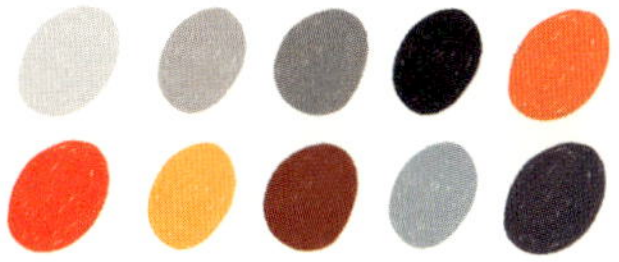

Gaviota argéntea

El plumaje de la gaviota argéntea europea es muy liso, así que
use trazos largos al colorear para que quede uniforme.

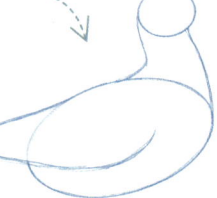

(1) Empiece trazando un círculo
como guía para la cabeza y
un óvalo para el cuerpo.

(2) Una la cabeza al cuerpo
con dos líneas curvas y
esboce el ala plegada.

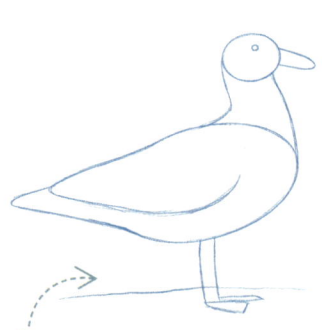

112

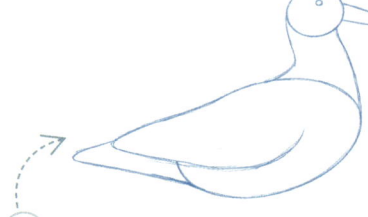

(3) Trace una forma de V para
la cola y esboce el pico y el ojo.

(4) Trace ahora las patas y los pies
palmeados y dibuje una línea
para representar el suelo.

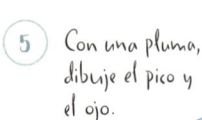

(5) Con una pluma,
dibuje el pico y
el ojo.

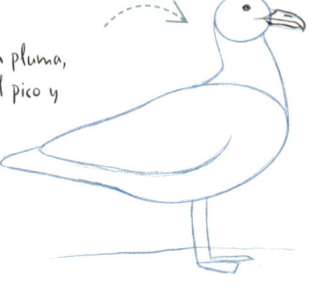

6 Perfile la cabeza, el cuello y el pecho.

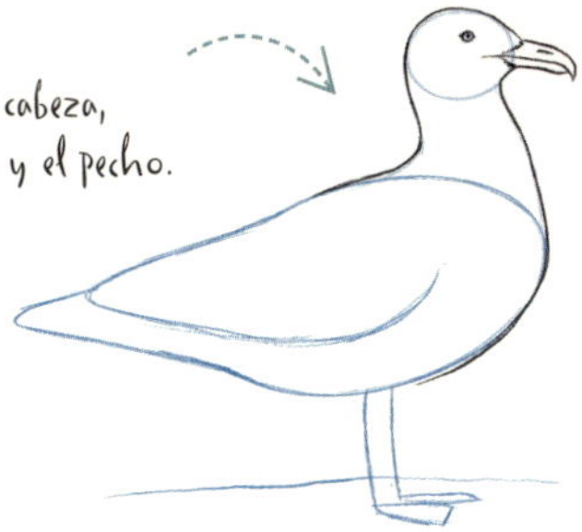

7 Dibuje el ala, con trazos cortos y curvos, y borre las guías de la cabeza.

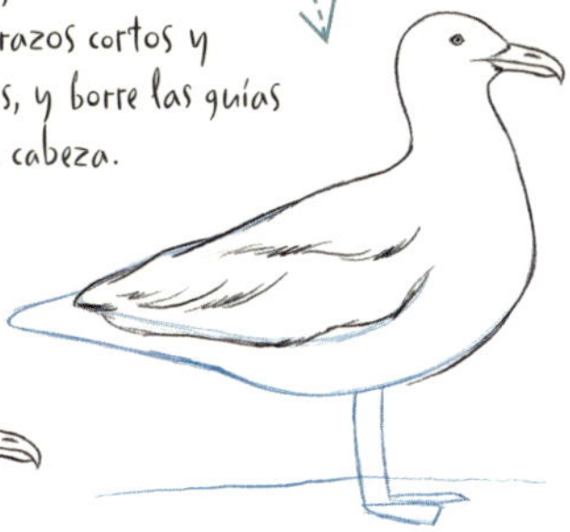

8 Dibuje la cola, las patas y los pies palmeados, y termine el contorno del cuerpo. Borre las guías que queden.

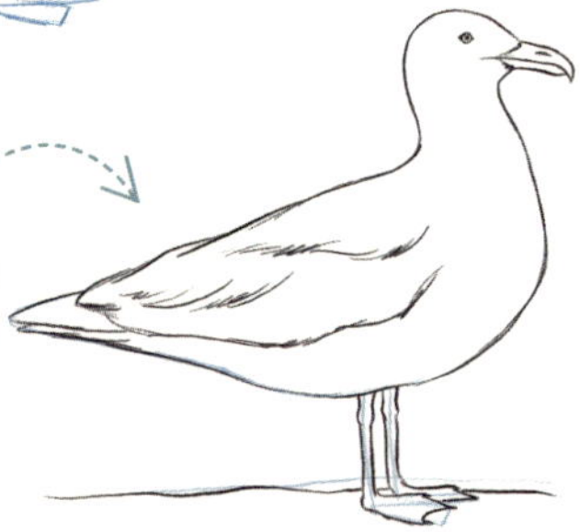

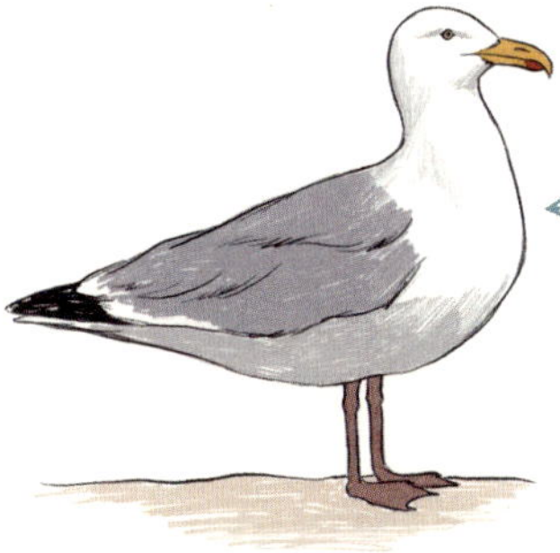

9 La cabeza y el cuello son blancos, pero con algunas rayas grises tenues. Use amarillo para el pico y añada una mancha roja en la parte inferior. Coloree el dorso y las alas con un gris suave y frío. Use negro para la parte final de las alas y añada algunos puntitos blancos. Pinte las patas de color rosa carne.

10 Use tonos más oscuros en el ala y la parte inferior del cuerpo para dar profundidad. Tenga cuidado de no difuminar demasiado el gris con el blanco, ya que las gaviotas tienen transiciones de color muy marcadas. Resalte los contornos con una pluma de tinta negra.

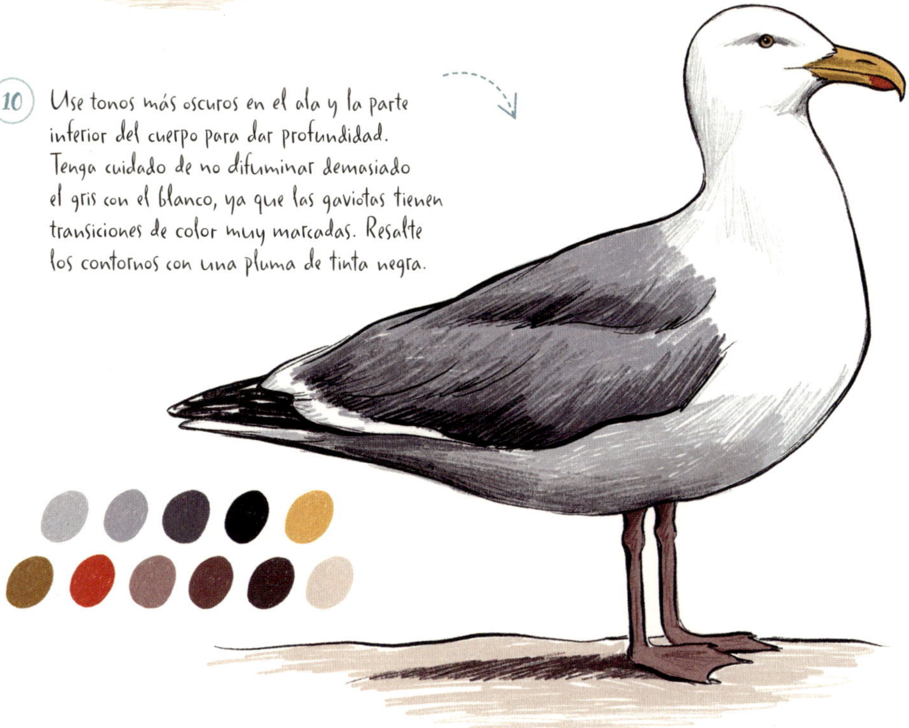

Charrán común

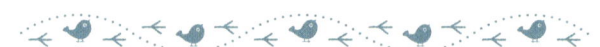

Esta ave de color gris plateado tiene una cola que parece bifurcarse cuando vuela. La parte superior de su cabeza es de color negro azabache y el pico y las patas son naranjas.

1 Para hacer el cuerpo y la cabeza, trace un óvalo largo y estrecho. Añada un pico largo y fino y un círculo para el ojo.

2 Dibuje el ala izquierda extendida.

3 A continuación, haga lo mismo con el ala derecha.

4 Esboce una cola en forma de abanico y dos óvalos pequeños para las patas.

5 Con una pluma, dibuje el ojo y el pico y luego perfile la cabeza del charrán.

114

6 Perfile el cuerpo y dibuje las patas dobladas.

7 Dibuje las alas con trazos largos para representar las plumas. Borre las guías de la cabeza.

8 Dibuje la cola y borre las guías restantes.

9 Coloree el cuerpo del charrán de color crema pálido y la parte superior de la cabeza de negro. Use un naranja intenso para el pico y las patas. Pinte el ojo de marrón oscuro y añada un puntito blanco para el reflejo.

10 Añada sombras grisáceas oscuras a las plumas de las alas y la cola, y use tonos más oscuros en general para dar volumen al dibujo. Difumine los colores suavemente para conseguir una textura más real. Resalte los contornos con una pluma de tinta negra o un lápiz de color negro.

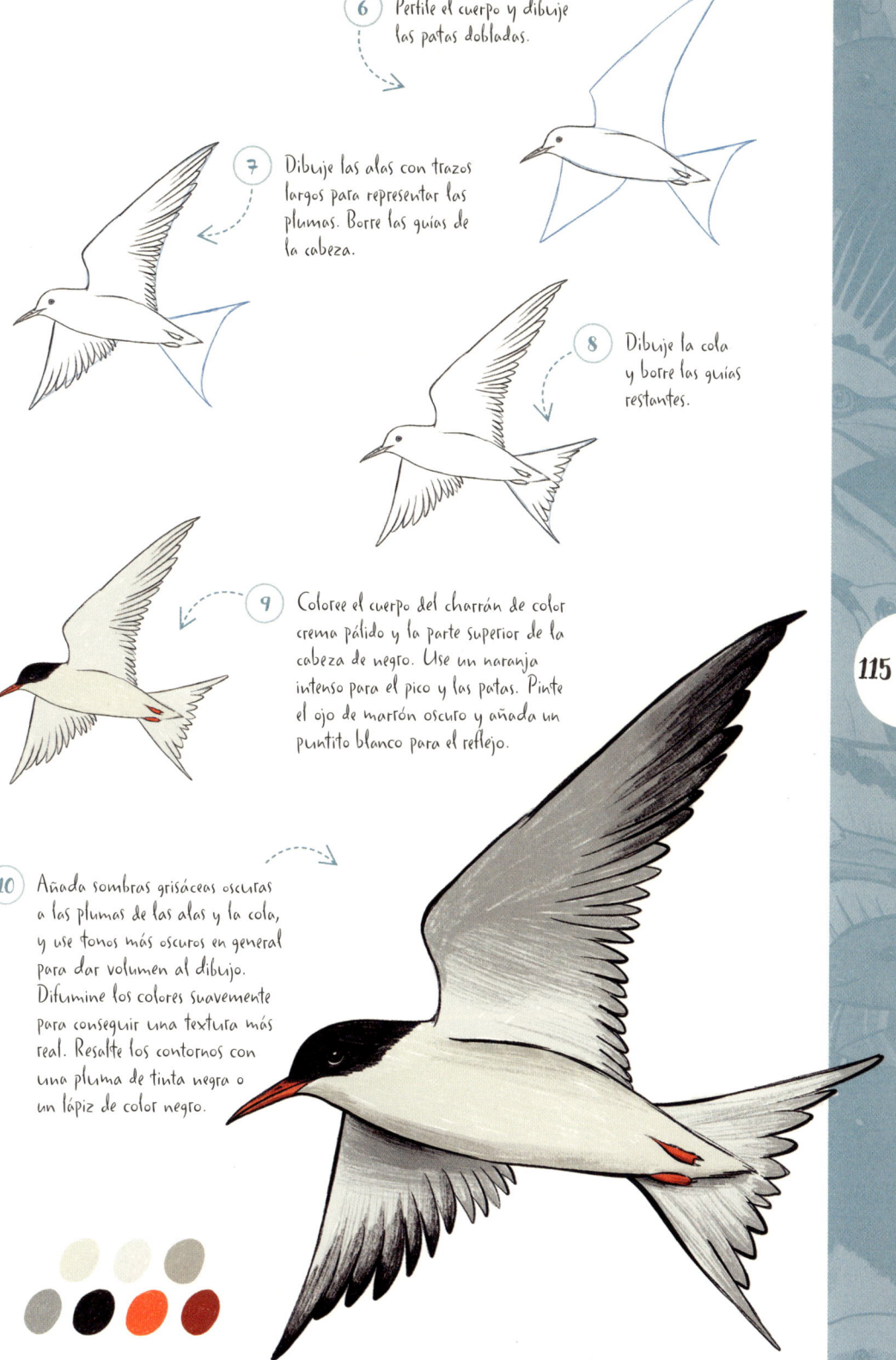

Alcatraz común

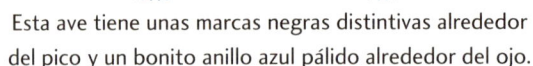

Esta ave tiene unas marcas negras distintivas alrededor
del pico y un bonito anillo azul pálido alrededor del ojo.

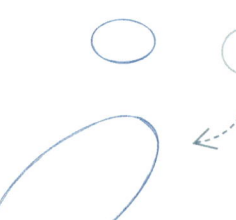

1 Trace una forma ovalada
como guía para la cabeza
y un óvalo más grande
para el cuerpo.

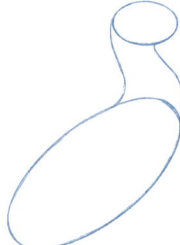

2 Una la cabeza al cuerpo con
dos líneas curvas. El alcatraz
común tiene un cuello largo
y elegantemente curvado.

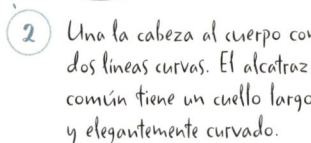

3 Esboce el pico y un círculo
pequeño para el ojo. Trace
el ala derecha y añada una
forma de V para la cola.

116

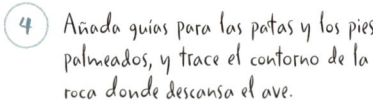

4 Añada guías para las patas y los pies
palmeados, y trace el contorno de la
roca donde descansa el ave.

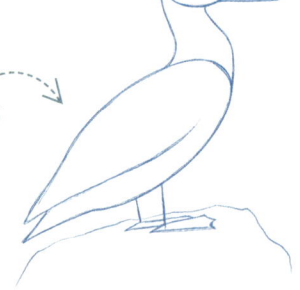

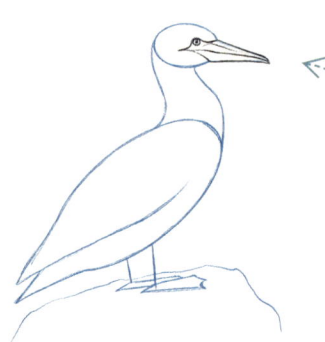

5 Con una pluma, dibuje el pico largo
y afilado y el ojo pequeño y redondo.
Trace un surco suave que vaya desde
la base del pico hasta el ojo.

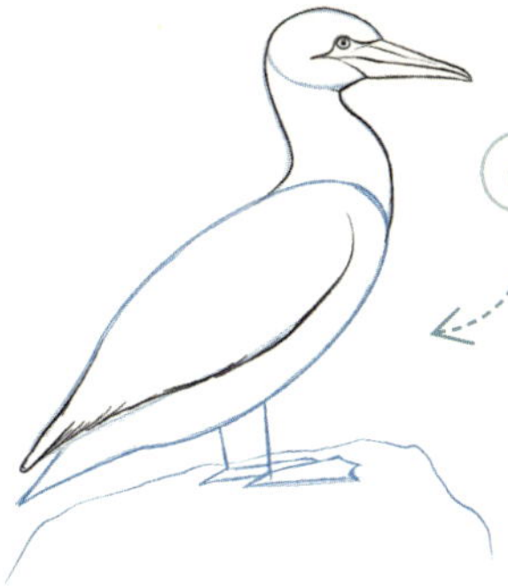

6 A continuación, dibuje el cuello y el ala plegada.

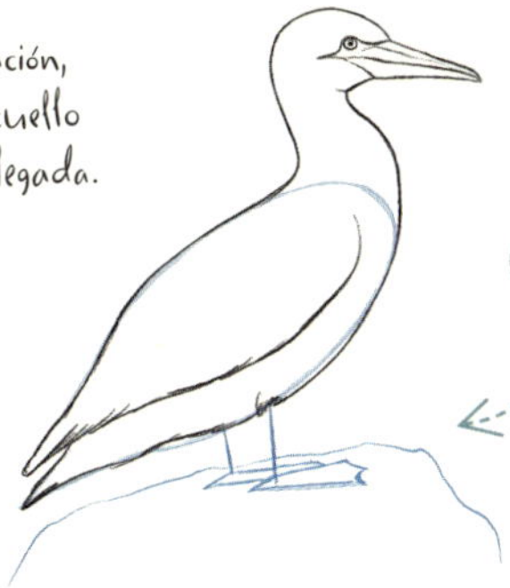

7 Termine de dibujar el contorno del cuerpo. Borre las guías de la cabeza.

8 Dibuje las patas y las garras, y añada algunos trazos suaves y curvos a lo largo del ala y el pecho para que parezcan plumas. Borre las guías que queden.

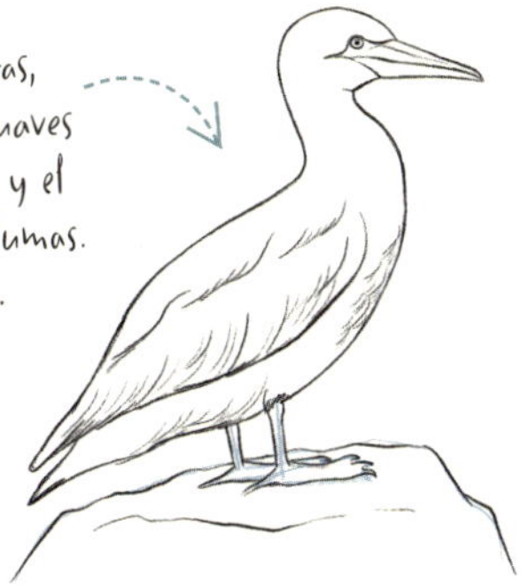

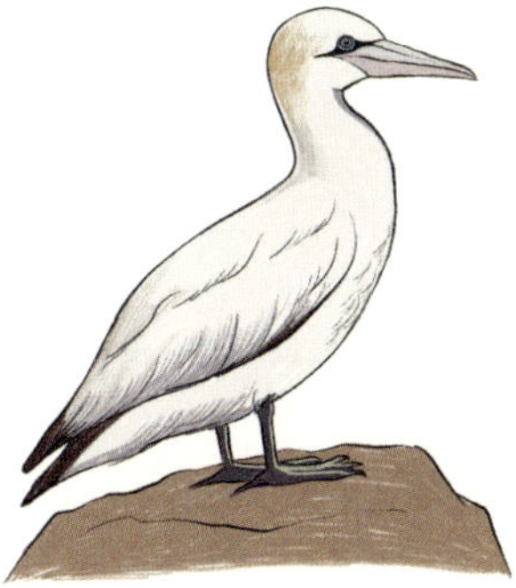

9 Use un blanco brillante para el cuerpo y añada un amarillo cálido y cremoso en la cabeza. Coloree el ojo de un gris pálido con un contorno azul iridiscente y un fino anillo negro alrededor. Use marfil pálido para el pico y dibuje una fina línea negra desde el ojo hasta el pico. Pinte las patas de color gris oscuro.

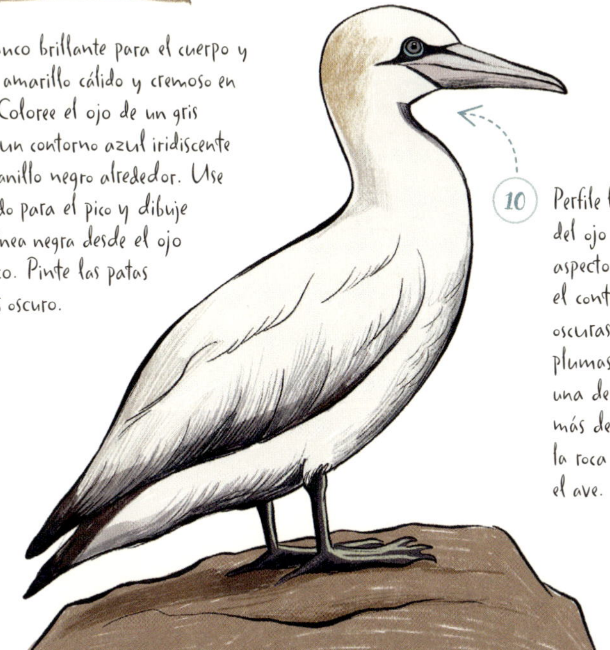

10 Perfile las líneas alrededor del ojo para obtener un aspecto elegante. Acentúe el contraste entre las puntas oscuras de las alas y las plumas blancas, ya que es una de las características más destacadas. Sombree la roca en la que descansa el ave.

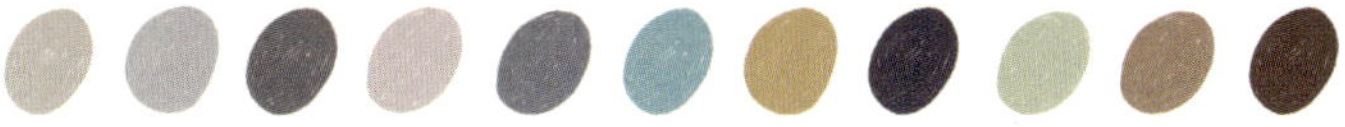

Gaviota tridáctila

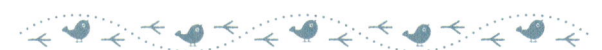

El contraste entre el blanco y el negro hace que esta ave marina destaque de entre todas las demás. Cuando vuela, se observan claramente las patas negras, la cola y las alas.

(1) Dibuje una forma circular como guía para la cabeza y un óvalo alargado para el cuerpo.

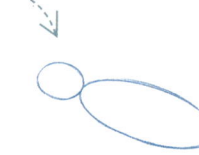

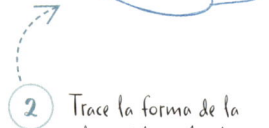

(2) Trace la forma de la cola y dibuje dos líneas para dar forma al cuello.

(3) Esboce las formas de las alas extendidas.

118

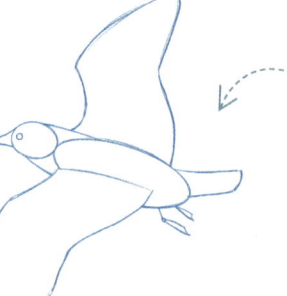

(4) A continuación, dibuje el pico, el ojo y las patas.

(5) Con una pluma, dibuje los detalles del pico y el ojo.

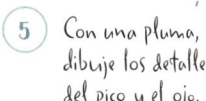

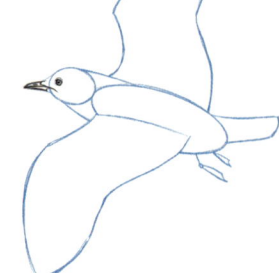

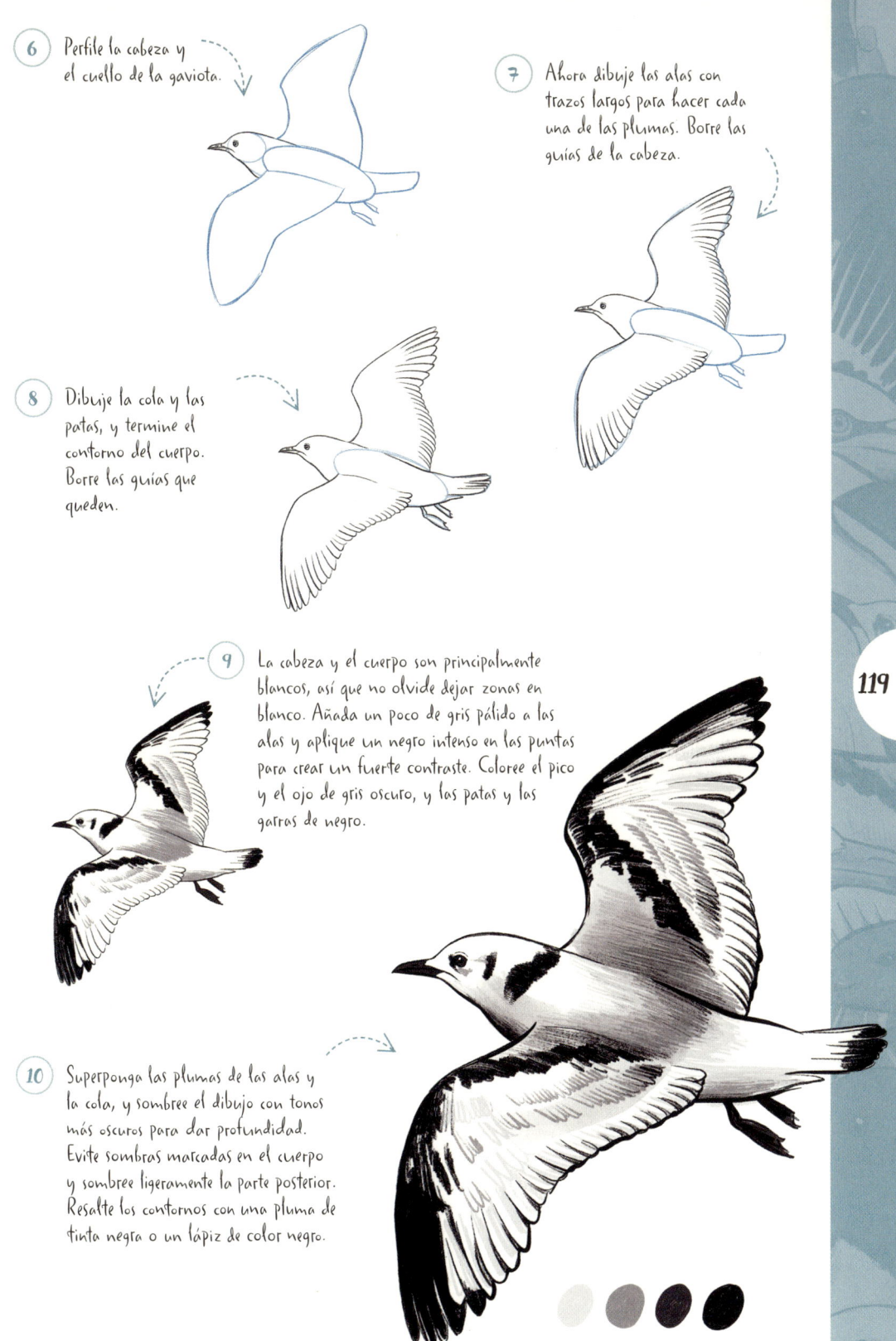

6 Perfile la cabeza y el cuello de la gaviota.

7 Ahora dibuje las alas con trazos largos para hacer cada una de las plumas. Borre las guías de la cabeza.

8 Dibuje la cola y las patas, y termine el contorno del cuerpo. Borre las guías que queden.

9 La cabeza y el cuerpo son principalmente blancos, así que no olvide dejar zonas en blanco. Añada un poco de gris pálido a las alas y aplique un negro intenso en las puntas para crear un fuerte contraste. Coloree el pico y el ojo de gris oscuro, y las patas y las garras de negro.

10 Superponga las plumas de las alas y la cola, y sombree el dibujo con tonos más oscuros para dar profundidad. Evite sombras marcadas en el cuerpo y sombree ligeramente la parte posterior. Resalte los contornos con una pluma de tinta negra o un lápiz de color negro.

Arao común

Los araos tienen un aspecto muy elegante, similar al de una persona vestida con un esmoquin, perfecto para un colorido llamativo y minimalista.

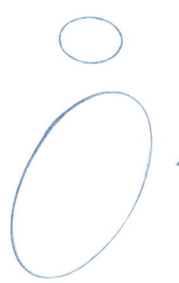

1 Trace una forma circular para la cabeza y una ovalada para el cuerpo.

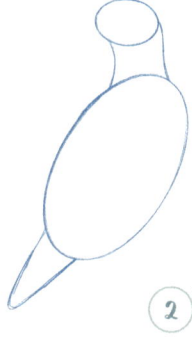

2 Para la cola, añada una V y dibuje dos líneas curvas para dar forma al cuello.

120

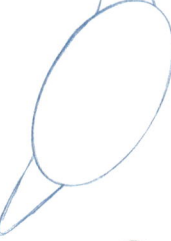

3 Esboce el pico y un círculo pequeño para el ojo.

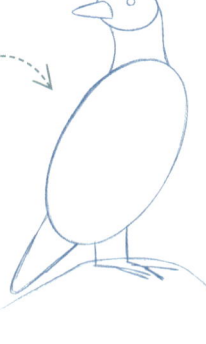

4 Trace las patas y las garras, y añada una línea para la roca sobre la que descansa el ave.

5 Con una pluma, dibuje el pico y el ojo.

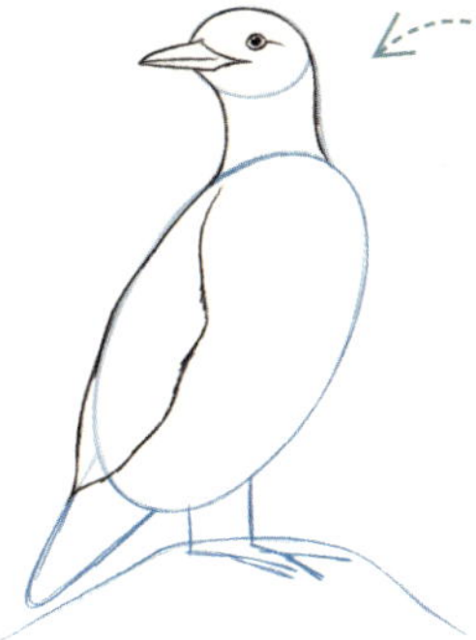

6 Perfile la cabeza y el cuello, y dibuje el ala plegada.

7 Termine de dibujar el contorno del cuerpo y use trazos cortos para la cola. Borre las guías de la cabeza.

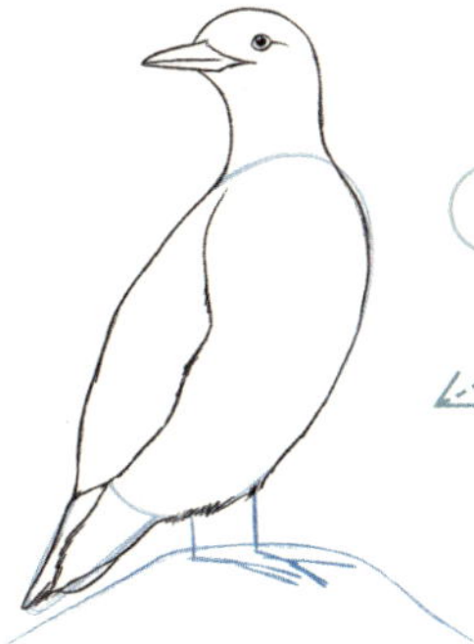

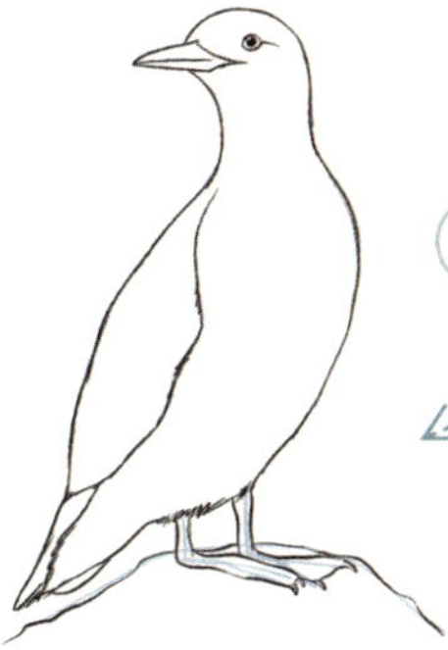

8 A continuación, dibuje las patas y el contorno de la roca. Borre las guías que queden.

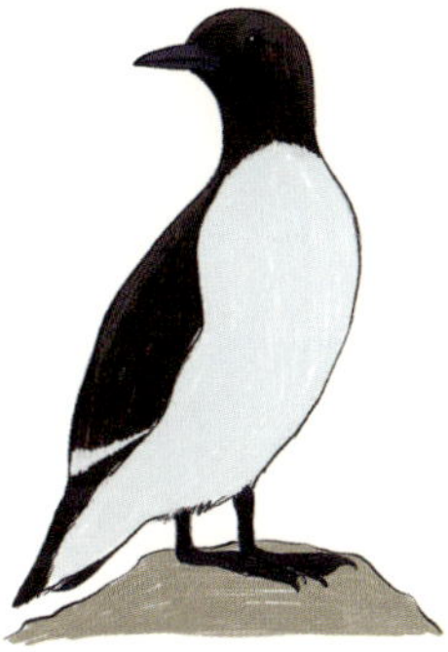

9 Use una combinación de gris oscuro y negro para la cabeza, el cuello, el dorso y el ala. Coloree el vientre y los costados de un tono blanquecino, para que contrasten con las partes superiores oscuras. Utilice un color gris marrón para la roca.

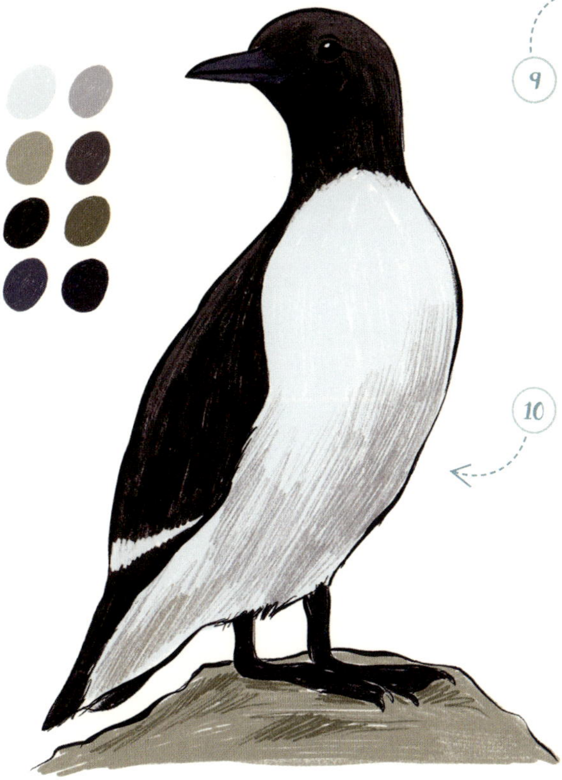

10 En la parte inferior del vientre, use tonos más oscuros. Trace una línea bien definida entre las zonas blancas y negras para que el contraste sea evidente, así el impacto visual será mayor. Resalte los contornos con una pluma de tinta negra o un lápiz de color negro.

Alca común

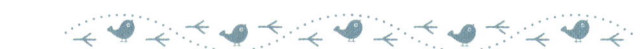

Durante la época de cría, el alca común presenta una fina línea blanca que va desde el ojo hasta el pico. Las plumas de esta ave son lisas como las de un pingüino.

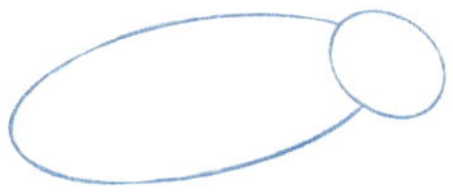

1 Trace un óvalo alargado como guía para el cuerpo y una forma circular superpuesta para la cabeza.

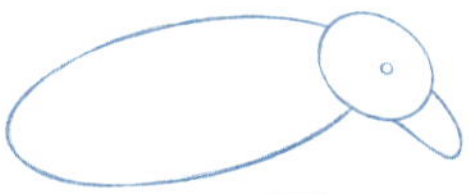

2 Dibuje el pico y un círculo pequeño para el ojo.

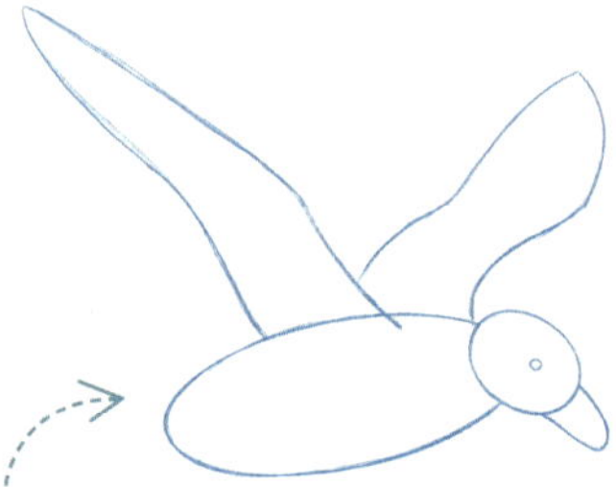

3 Trace la forma de las alas extendidas.

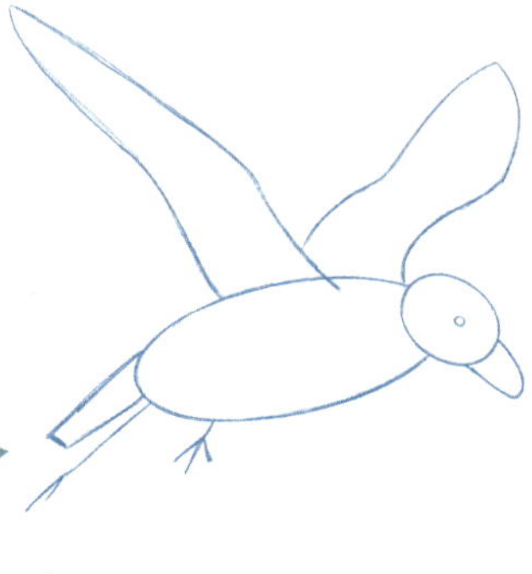

4 A continuación, esboce la cola, las patas y las garras.

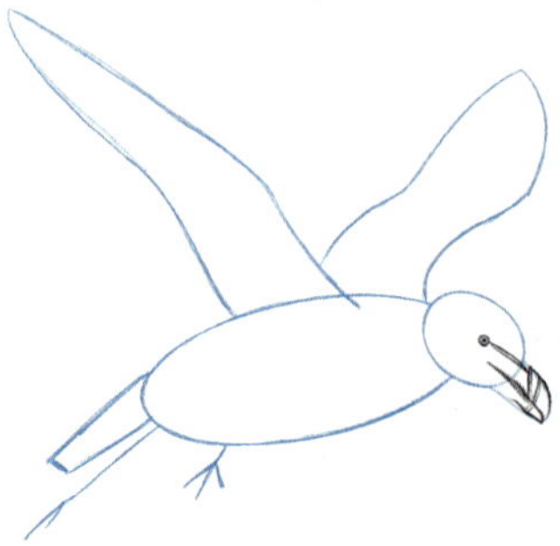

5 Con una pluma, dibuje el pico, que tiene una raya blanca vertical y se curva ligeramente en la punta.

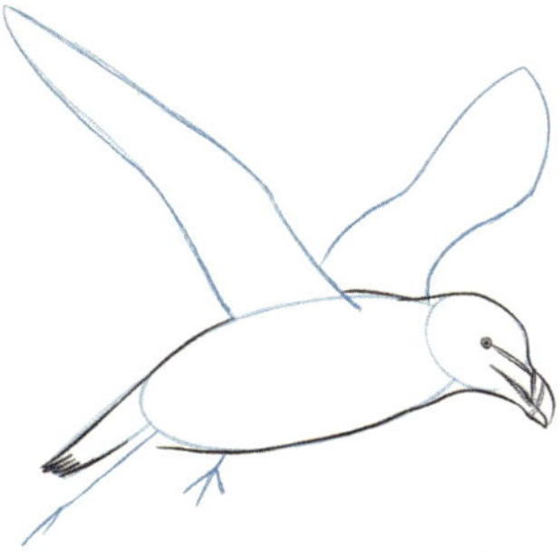

6 Dibuje el ojo, el contorno de la cabeza y del cuerpo, y la cola.

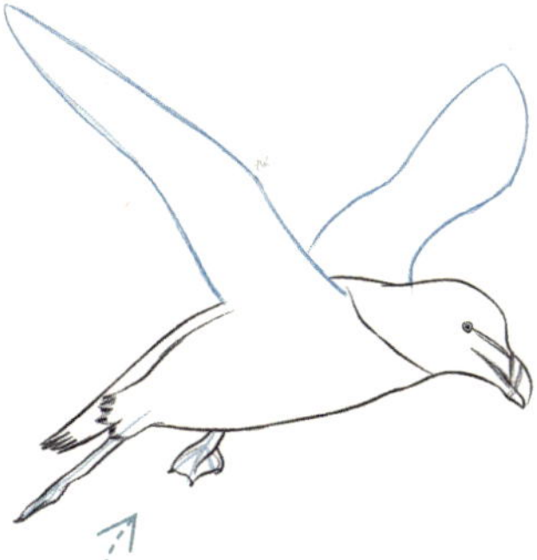

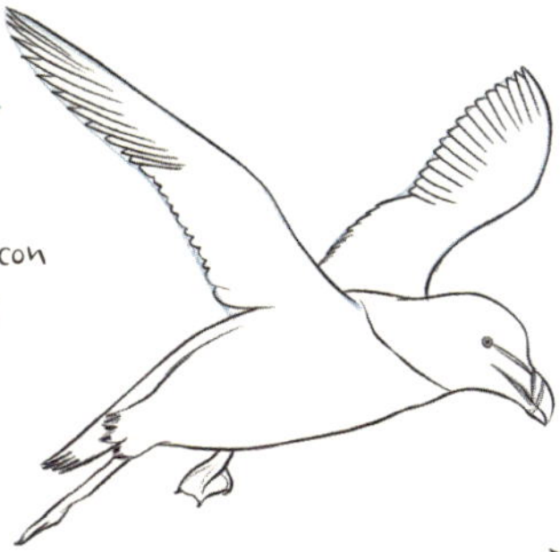

8 Dibuje las alas y trace con detalle las plumas de los extremos.

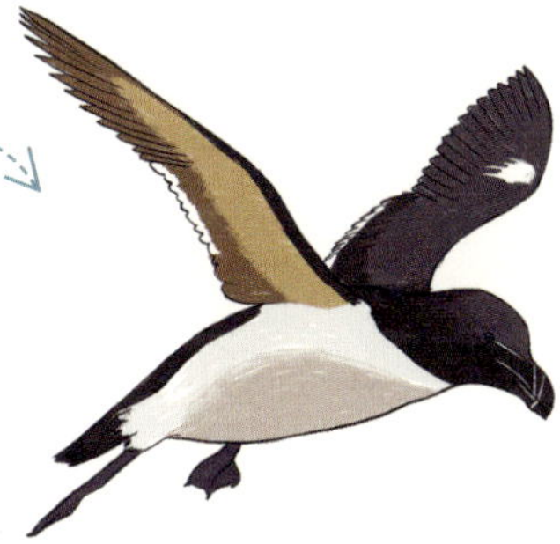

7 A continuación, dibuje las patas y los pies palmeados del alca. Borre algunas guías.

9 Coloree la cabeza, el cuello, el dorso y las alas de color gris oscuro. Use un tono marrón amarillento cálido para la parte inferior del ala. Deje algunas zonas de las alas blancas para crear reflejos. Use un color beis pálido para el vientre, difuminándolo hacia el blanco, con una línea marcada que separe la parte inferior blanca de la negra.

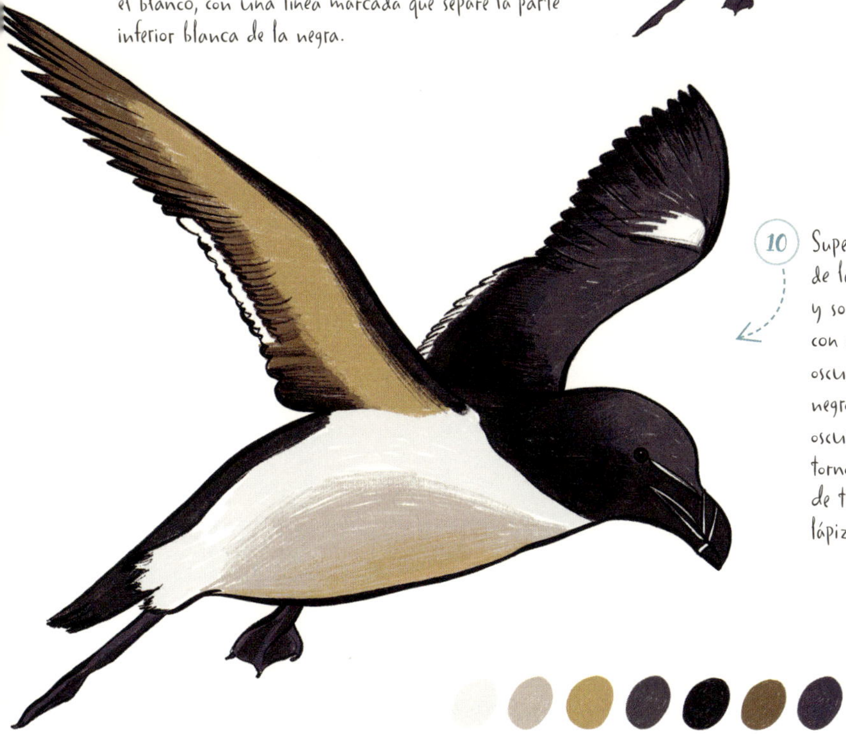

10 Superponga las plumas de las alas y la cola y sombree el dibujo con algunos tonos más oscuros, añadiendo negro a las zonas gris oscuro. Resalte los contornos con una pluma de tinta negra o un lápiz de color negro.

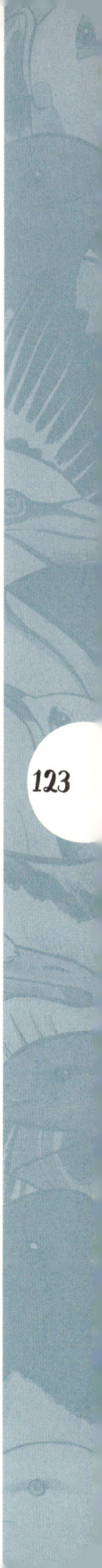

Charrán ártico

El charrán ártico es azulado y blanco, y tiene una distintiva caperuza negra que contrasta enormemente con el rojo anaranjado del pico y de las patas.

(1) Dibuje un óvalo estrecho y alargado para el cuerpo y otro más pequeño, superpuesto al anterior, para la cabeza.

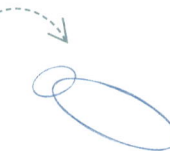

(2) Dibuje el pico y el ojo.

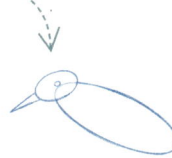

(3) Trace las alas extendidas y dos líneas para dar forma al cuello.

124

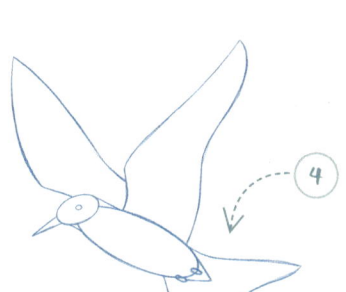

(4) Dibuje la cola en forma de abanico y dos óvalos pequeños para las patas.

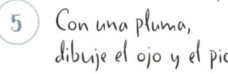

(5) Con una pluma, dibuje el ojo y el pico.

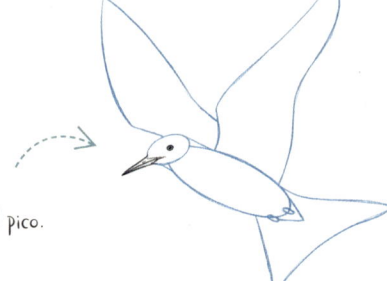

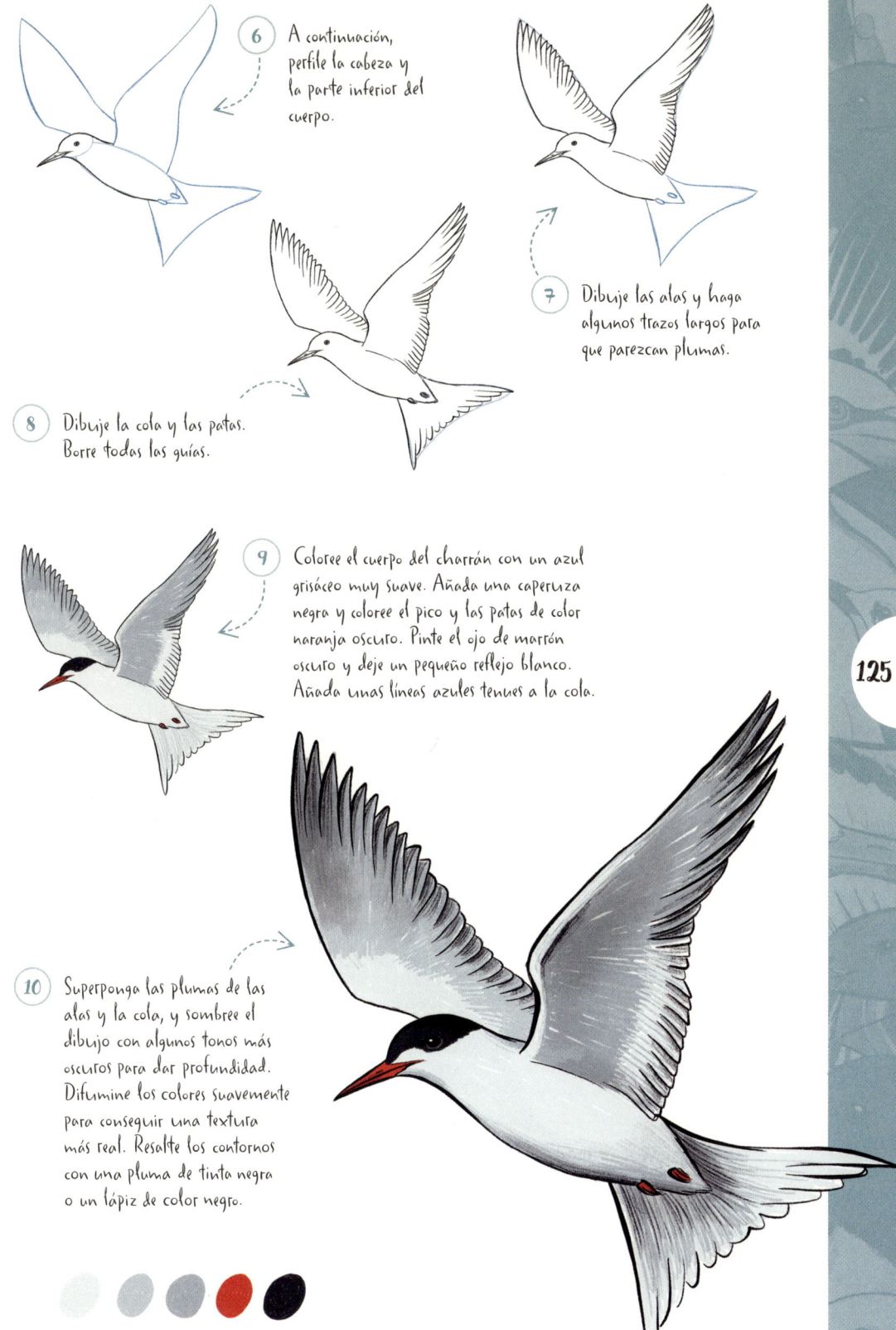

6 A continuación, perfile la cabeza y la parte inferior del cuerpo.

7 Dibuje las alas y haga algunos trazos largos para que parezcan plumas.

8 Dibuje la cola y las patas. Borre todas las guías.

9 Coloree el cuerpo del charrán con un azul grisáceo muy suave. Añada una caperuza negra y coloree el pico y las patas de color naranja oscuro. Pinte el ojo de marrón oscuro y deje un pequeño reflejo blanco. Añada unas líneas azules tenues a la cola.

10 Superponga las plumas de las alas y la cola, y sombree el dibujo con algunos tonos más oscuros para dar profundidad. Difumine los colores suavemente para conseguir una textura más real. Resalte los contornos con una pluma de tinta negra o un lápiz de color negro.

Aves costeras y marinas
Págalo grande

El págalo grande es un ave de color marrón chocolate
con unas llamativas marcas blancas en las alas.

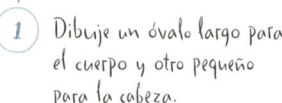

1 Dibuje un óvalo largo para el cuerpo y otro pequeño para la cabeza.

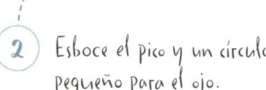

2 Esboce el pico y un círculo pequeño para el ojo.

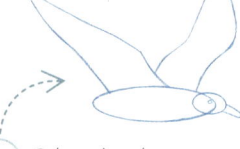

3 Dibuje las alas.

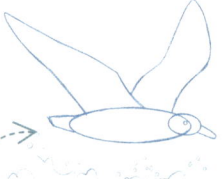

4 Trace la cola y las formas para las olas.

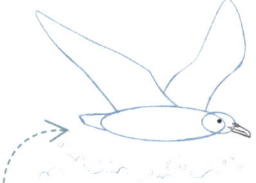

5 Con una pluma, dibuje el ojo y el pico.

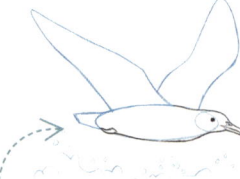

6 Perfile la cabeza, el cuerpo y la pata.

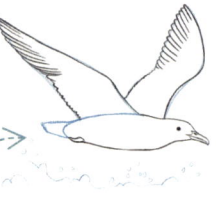

7 A continuación, dibuje las alas y añada unos trazos en las puntas para representar las plumas.

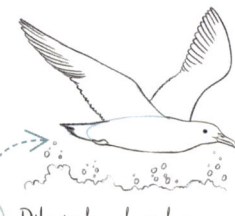

8 Dibuje la cola y las salpicaduras de agua.

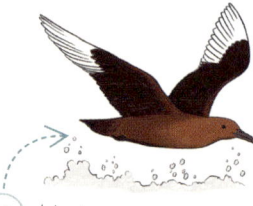

9 Use tonos marrones y negros y deje las puntas de las alas de color blanco.

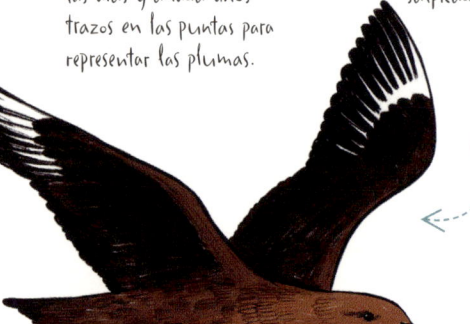

10 Superponga las plumas de las alas y la cola y sombree el dibujo con tonos más oscuros; use negro para los extremos de las alas. Emplee marrón oscuro para resaltar las plumas del cuerpo. Oscurezca los contornos.

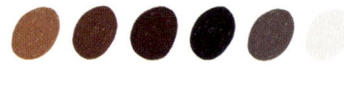

Aves costeras y marinas
Mérgulo atlántico

De esta ave, destaca especialmente el contraste entre la cabeza y el dorso,
de color negro azabache, y el pecho y el vientre, blancos como la nieve.

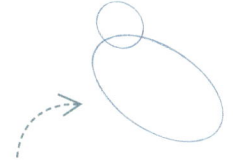

1 Dibuje un círculo para la cabeza y un óvalo para el cuerpo.

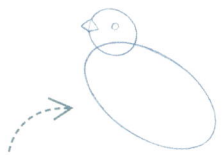

2 Esboce el pico y un círculo pequeño para el ojo.

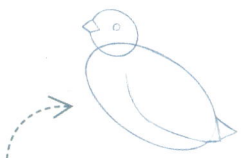

3 Dibuje el ala y añada una cola en forma de V.

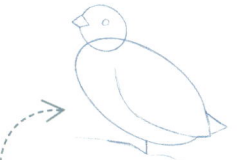

4 Trace las patas y la roca sobre la que descansa.

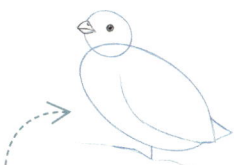

5 Con una pluma, dibuje el pico y el ojo.

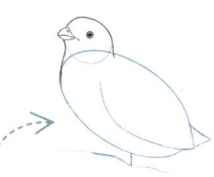

6 Perfile la cabeza y el cuello.

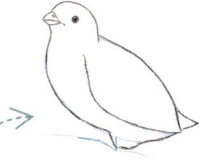

7 Dibuje el contorno del ala y el cuerpo.

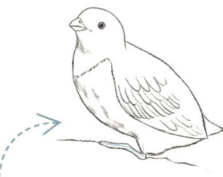

8 Dibuje las plumas, la pata y la roca.

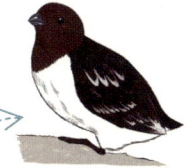

9 Coloree las partes superiores de marrón oscuro y negro, y el resto de blanco.

10 Use tonos más oscuros en el vientre y el pecho, y sombree el dorso y la cabeza para dar volumen a la figura. Resalte los contornos con una pluma de tinta negra.

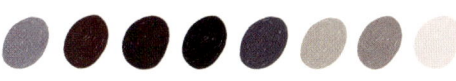

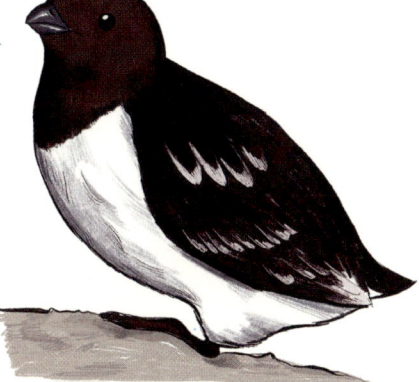

Acerca de la artista

Justine Lecouffe es una ilustradora francesa afincada en Irlanda. Lleva garabateando las aventuras de la vida desde que empezó a poder sostener un lápiz de color sin comérselo (la mayoría de las veces). Desde que dibujaba caricaturas de miembros de su familia a los cinco años hasta que se abrió camino ilustrando libros de texto, Justine sabía que estaba destinada a dedicar su vida al arte.

Es autora de diez títulos de la serie *Dibujar en 10 pasos*, que acerca los temas más complejos a los artistas en ciernes.

Repletos de consejos y, por supuesto, tutoriales en 10 pasos tan fáciles de seguir como una receta de galletas, estos libros son los mejores compañeros para cualquiera que desee poner el lápiz sobre el papel y dar rienda suelta a su imaginación, y Justine está muy orgullosa de ellos.

Si quiere conocer su trabajo o compartir sus dibujos con ella, puede encontrar a Justine en Instagram @justine_lcf.

Agradecimientos

Me gustaría dar las gracias a todos y cada uno de los que han escogido los libros de *Dibujar en 10 pasos*: *Mariposas y otros insectos, Caras, Animales adorables, Caballos y ponis, Gatos, Perros* y *Figuras humanas*, y se han embarcado conmigo en este viaje creativo. Su apoyo y entusiasmo significan mucho para mí, y me encanta ver su trabajo en las redes sociales. ¡No dejen de dibujar, de soñar y de contagiar el amor por los libros y el arte!

También quisiera reiterar mi inmenso agradecimiento al equipo de The Bright Press por ofrecerme esta fantástica oportunidad. Gracias por creer en mi trabajo y por su compromiso de fomentar la creatividad y el talento en el sector editorial.